Vorwort

Liebe Leserinnen und Leser,

Bereits zum zweiten Mal erläutert Felix Linden, A-Lizenz-Inhaber und zertifizierter DHB Nachwuchstrainer Leistungssport, sein Verständnis von abwechslungsreichem und zielgerichtetem Handballtraining innerhalb der Buchreihe von handball-uebungen.de. Anhand der Auslösehandlung Kreuzen von Rückraum Mitte mit dem Kreisläufer (Kreisel), die fast jede Mannschaft in unterschiedlichen Formen in ihrem Repertoire hat, zeigt Felix Linden auf, wie man durch kleine Erweiterungen und Variationen verschiedene Spielsituationen schaffen und so jede Abwehr variantenreich ausspielen kann. In den einzelnen Trainingseinheiten werden die Knotenpunkte, wie das Auseinanderziehen einer 6:0-Abwehr, das glaubwürdige Stoßen und Herausziehen eines Abwehrspielers und die einzelnen Abschlussmöglichkeiten sowie verschiedene Entscheidungsmöglichkeiten vermittelt. Gerade auf der Entscheidungsfindung liegt ein großer Schwerpunkt in allen Trainingseinheiten. Der Standardablauf mit Weiterspieloptionen auf beiden Seiten, Varianten mit Einläufer und Übergängen sowie eine Variante für eine Überzahl sind Inhalte der Trainingseinheiten.

In den letzten Jahren wurden einige Gegenmaßnahmen seitens der Abwehr entwickelt, um den Ablauf des Kreisels zu stören. Deshalb ist es wichtig, verschiedene Situationen aus dem Kreisel im Training zu thematisieren. Das letzte Kapitel zeigt verschiedene Abwehrmaßnahmen auf und vermittelt Ideen, welche Variationen in diesen Fällen gespielt werden können.

Folgende Trainingseinheiten sind in diesem Buch enthalten:
- Spielkonzept Kreuzen RM mit dem Kreisläufer – Teil 1
- Spielkonzept Kreuzen RM mit dem Kreisläufer – Teil 2
- Spielkonzept Kreuzen RM mit dem Kreisläufer plus Einlaufen von außen
- Spielkonzept Kreuzen RM mit dem Kreisläufer plus Übergang aus dem Rückraum
- Kreuzen von Rückraum Mitte mit dem Kreisläufer als Überzahlkonzept

Schwierigkeitseinstufung der Trainingseinheiten:

        Einfache Anforderung (alle Jugend- bis Aktivenmannschaften)
        Mittlere Anforderung (geeignet ab C-Jugend bis Aktive)
        Höhere Anforderung (geeignet ab B-Jugend bis Aktive)
        Intensive Anforderung (geeignet für Leistungsbereiche)

Systematischer Aufbau eines Angriffskonzepts im Handball
Eine Spieleröffnung mit Variationen und Weiterspieloptionen

Inhaltsverzeichnis:

Vorwort

1. Trainingseinheiten
   - Nr. 1: Spielkonzept Kreuzen RM mit dem Kreisläufer – Teil 1
   - Nr. 2: Spielkonzept Kreuzen RM mit dem Kreisläufer – Teil 2
   - Nr. 3: Spielkonzept Kreuzen RM mit dem Kreisläufer plus Einlaufen von außen
   - Nr. 4: Spielkonzept Kreuzen RM mit dem Kreisläufer plus Übergang aus dem Rückraum
   - Nr. 5: Kreuzen von Rückraum Mitte mit dem Kreisläufer als Überzahlkonzept

2. Zu erwartende Gegenmaßnahmen der Abwehr und mögliche Reaktionen darauf

3. Über die Autoren

4. Weitere Bücher des Verlags

Danke an die 1. Damenmannschaft und die männliche A-Jugend des ATV Biesel für die tatkräftige Unterstützung während der Trainingseinheiten.

Felix Linden spendet Teile seines Erlöses an die Hilfsorganisation „United Smile e.V.". Jens Dauben, Spieler von Felix Linden und Zahnarzt, unterstützt mit seiner Organisation Kinder und Erwachsene in entlegenen Regionen dieser Welt, die keinen Zugang zu zahnmedizinischer und medizinischer Grundversorgung erhalten.

Impressum
1. Auflage (07.06.2018)
Verlag: DV Concept
Autoren: Felix Linden, Jörg Madinger
Design und Layout: Jörg Madinger, Elke Lackner
Bilder: Gisbert Schlemmer
ISBN: 978-3-95641-211-0

Diese Publikation ist im Katalog der **Deutschen Nationalbibliothek** gelistet, bibliografische Daten können unter http://dnb.de aufgerufen werden.

Das Werk und seine Bestandteile sind urheberrechtlich geschützt. Nachdruck, auch fotomechanische Vervielfältigung jeder Art, Einspeicherung bzw. Verarbeitung in elektronischen Systemen bedarf des schriftlichen Einverständnisses des Verlags.

Systematischer Aufbau eines Angriffskonzepts im Handball
Eine Spieleröffnung mit Variationen und Weiterspieloptionen

1. Trainingseinheiten

Nr. 1	Spielkonzept Kreuzen RM mit dem Kreisläufer – Teil 1		★★★	90
Startblock		**Hauptblock**		
X	Einlaufen / Dehnen		Angriff / Individuell	Sprungkraft
	Laufübung	X	Angriff / Kleingruppe	Sprintwettkampf
	Kleines Spiel	X	Angriff / Team	Torhüter
	Koordination	X	Angriff / Wurfserie	
	Laufkoordination		Abwehr / Individuell	**Schlussblock**
	Kräftigung		Abwehr / Kleingruppe	Abschlussspiel
X	Ballgewöhnung		Abwehr / Team	Abschlusssprint
X	Torhüter-Einwerfen		Athletiktraining	
			Ausdauertraining	

Legende:

✗   Hütchen

▲ 1   Angreifer

● 1   Abwehrspieler

⬛   Ballkiste

▬   Pommes (Schaumstoffbalken)

▭   Oberteil eines großen Turnkastens

Benötigt:
- ➔ 2 Pommes (Schaumstoffbalken), 1 Kastenoberteil, 2 Hütchen, 2 Ballkisten mit ausreichend Bällen.

Beschreibung:
Nach der Erwärmung mit zwei Übungen zur Ballgewöhnung wird in der vorliegenden Trainingseinheit im Torhüter-Einwerfen und einer anschließenden Wurfserie in die Auftakthandlung Kreuzen von Rückraum Mitte mit dem Kreisläufer eingeführt. Im Anschluss wird die Entscheidung nach dem Weiterspielen auf die Rückraumposition trainiert, bevor in einer weiteren Kleingruppen- und der abschließenden Teamübung eine erste Variante direkt im Auftaktpass aufgezeigt wird.

Insgesamt besteht die Trainingseinheit aus den folgenden Schwerpunkten
- Einlaufen/Dehnen (Einzelübung: 10 Minuten/Trainingsgesamtzeit: 10 Minuten)
- Ballgewöhnung (10/20)
- Ballgewöhnung (10/30)
- Torhüter einwerfen (10/40)
- Angriff/Wurfserie (15/55)
- Angriff/Kleingruppe (10/65)
- Angriff/Kleingruppe (15/80)
- Angriff/Team (10/90)

Gesamtzeit der Trainingseinheit: 90 Min.

Nr.: 1-1	Einlaufen / Dehnen	10	10

Ablauf:
- Die Spieler haben jeweils einen Ball und laufen auf den Linien auf dem Hallenboden entlang (A).
- Dabei führen sie verschiedene Laufbewegungen aus, die vom Trainer vorgegeben werden:
    - Ball mit rechts/mit links prellen.
    - Ball abwechselnd mit rechts und links prellen.
    - Sidesteps und dabei einen Ball prellen.
    - Hopserlauf und den Ball über Kopf von links nach rechts und zurück übergeben.
    - Rückwärtslaufen und den Ball um den Körper kreisen (s. Bild).

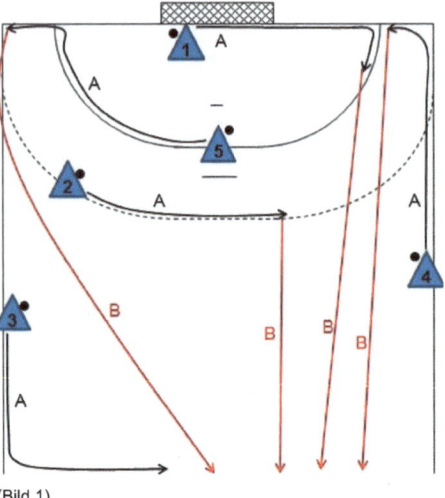
(Bild 1)

(Bild 2)

- Nach kurzer Zeit pfeift der Trainer und gibt ein Ziel vor, welches berührt werden muss (z. B.: Torpfosten, Mittellinie (B), eine Spielfeldecke, eine grüne Linie, etwas Rotes (nicht am Spieler selbst) o. ä.).
- Die Spieler sprinten los und versuchen, die Aufgabe so schnell wie möglich zu erfüllen.
- Der letzte Spieler absolviert eine Zusatzaufgabe (10 schnelle Hampelmannsprünge, 10 Liegestützen o. ä.).
- Gemeinsam in der Gruppe dehnen/mobilisieren.

| Nr.: 1-2 | Ballgewöhnung | 10 | 20 |

Aufbau:
- Die Spieler stellen sich im Kreis auf, (T) hat einen Ball und steht in die Kreismitte.

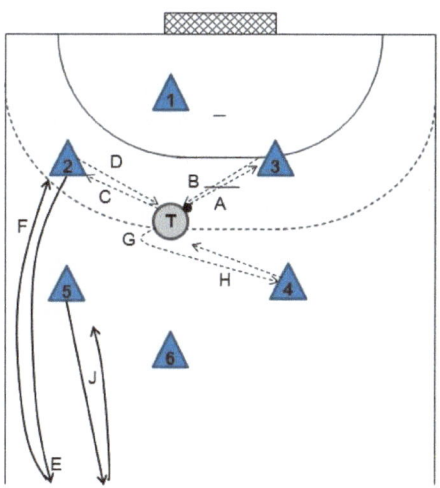

Ablauf:
- (T) spielt Doppelpässe mit den Spielern (A, B, C und D).
- Bevor ein Spieler den Ball bekommt (A), muss er einmal in die Hände klatschen, dann den Ball fangen und wieder zurückspielen (B).
- Vergisst ein Spieler, zu klatschen, oder fängt ein Spieler den Ball nicht, muss er einmal zur Mittellinie (E) und wieder zurück sprinten (F).
- (T) kann auch einen Pass antäuschen (G) und stattdessen zu einem anderen Spieler passen (H).
- Klatscht ein Spieler, ohne dass er den Ball bekommt, muss er ebenfalls zur Mittellinie sprinten (J).

Variante:
- Anstatt (T) übernimmt ein Spieler die Aufgabe in der Mitte.
- Bei großen Gruppen kann in zwei Gruppen gearbeitet werden.

⚠️ (T) (oder der Spieler in der Mitte) soll versuchen, die Spieler im Kreis so oft wie möglich zu täuschen.

| Nr.: 1-3 | Ballgewöhnung | 10 | 30 |

Aufbau:
- Mit Hütchen den Laufweg markieren.

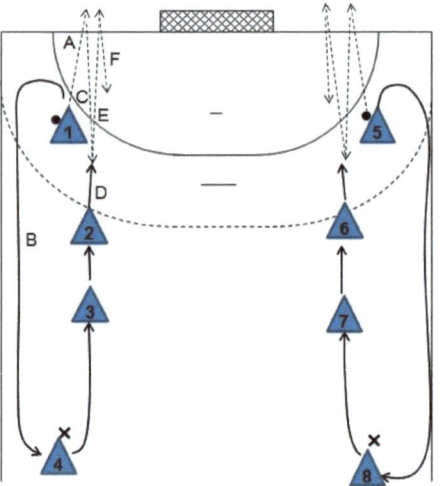

Ablauf:
- 1 passt den Ball an die Hallenwand (A) und läuft dann um das entfernt stehende Hütchen (B).
- 2 erläuft (D) den von der Wand abprallenden Ball (C), wirft sofort wieder an die Wand (E) und läuft ebenfalls um das Hütchen.
- 3 fängt den von der Wand abprallenden Ball (F) usw.

⚠ Das Hütchen muss so aufgestellt werden, dass die Spieler nach dem Umrunden schnell wieder an der Reihe sind und ohne Wartezeit direkt den Ball fangen können. Bei vielen Spielern wird in mehreren Gruppen gearbeitet.

⚠ Es werden verschiedene Varianten beim Pass an die Wand gespielt:
- Direkt an die Wand werfen und direkt fangen.
- Indirekt an die Wand werfen (Bodenpass) und indirekt (nach einmal aufprellen) fangen.
- Indirekt an die Wand werfen und direkt fangen.

Systematischer Aufbau eines Angriffskonzepts im Handball
Eine Spieleröffnung mit Variationen und Weiterspieloptionen

Nr.: 1-4	Torhüter-Einwerfen	10	40

Aufbau:
- Mit zwei Pommes (Schaumstoffbalken) die Startposition der Kreisläufer und den Wurfkorridor markieren.

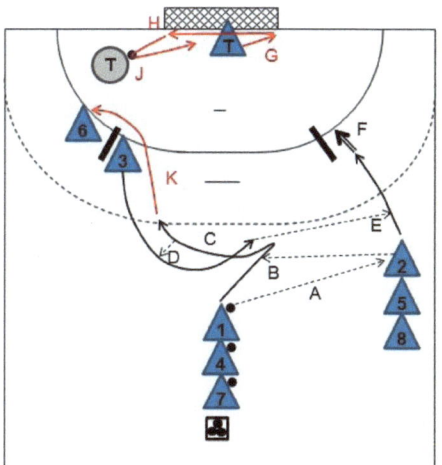

Ablauf:
- ▲1 passt zum Auftakt zu ▲2 (A), stößt leicht nach rechts an und bekommt den Rückpass (B).
- ▲1 zieht deutlich nach links (C) (eventuell mit der abwehrfernen Hand einmal prellen).
- ▲3 startet am Kreis, kreuzt hinter ▲1 (D) und bekommt den Pass gespielt.
- ▲3 zieht weit nach rechts und passt den Ball in den Parallelstoß von ▲2 (E), der rechts am Balken vorbeizieht und nach Vorgabe (Hände, hoch, tief) nach rechts wirft (F).
- Der Torhüter startet aus der Mitte heraus und hält den Ball (G).
- ▲4 startet daraufhin sofort den nächsten Ablauf mit ▲6 am Kreis und ▲5 als Werfer.
- Nach dem Wurf dreht ▲T sich um und berührt mit dem Rücken zum Feld mit der rechten Hand dreimal Latte und Pfosten im Wechsel, läuft dann nach links, berührt den linken Pfosten (H), dreht sich um und sprintet sofort zu (T) und berührt den präsentierten Ball (J). Dann geht ▲T wieder in die Tormitte, um den nächsten Ball zu halten.
- ▲1 stellt sich nach dem Kreuzen am Kreis an (K), ▲3 wechselt in den rechten Rückraum, die Werfer stellen sich mit Ball in der Mitte an.

⚠ Die Zwischenaufgabe für ▲T sollte so gestaltet werden, dass keine Wartezeit bis zum nächsten Wurf entsteht, aber auch die Werfer nicht warten müssen.

⚠ Den Ablauf auch auf der anderen Seite spielen mit Würfen von Rückraum links.

Systematischer Aufbau eines Angriffskonzepts im Handball
Eine Spieleröffnung mit Variationen und Weiterspieloptionen

Nr.: 1-5	Angriff / Wurfserie	15	55

Aufbau:
- Mit zwei Pommes (Schaumstoffbalken) die Startposition der Kreisläufer und den Wurfkorridor für den Kreisläufer markieren.
- Für den Wurf auf Rückraum rechts das Oberteil eines großen Turnkastens wie abgebildet aufstellen.

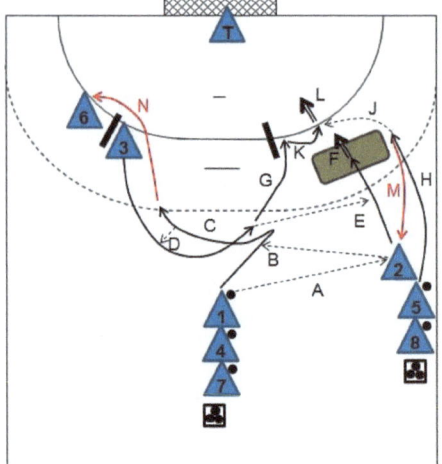

(Bild 1)

Ablauf:
- ▲1 passt zum Auftakt zu ▲2 (A), stößt leicht nach rechts an und bekommt den Rückpass (B).
- ▲1 zieht deutlich nach links (C) (eventuell mit der abwehrfernen Hand einmal prellen).
- ▲3 startet am Kreis, kreuzt hinter ▲1 (D) und bekommt den Pass gespielt.
- ▲3 zieht weit nach rechts und passt den Ball in den Parallelstoß von ▲2 (E), der mit dem letzten Schritt auf das Kastenoberteil steigt und aus dem Sprungwurf (s. Bild 2) wirft (F).

(Bild 2)

- Nach dem Abspiel läuft ▲3 sofort weiter an den Kreis (G) und stellt sich in Sperrstellung an den Schaumstoffbalken.
- ▲5 stößt sofort nach dem Wurf von ▲2 prellend in Richtung Tor (H) und passt um das Kastenoberteil herum in den freien Raum am Kreis (J).
- ▲3 erläuft den Ball (K) und wirft vom Kreis (L).
- ▲4 startet daraufhin sofort den nächsten Ablauf mit ▲6 am Kreis und ▲5 als Werfer, der sich nach seinem Pass sofort rückwärts zurückzieht (M).
- ▲1 stellt sich am Kreis an (N), ▲3 wechselt in den rechten Rückraum, die Werfer im rechten Rückraum stellen sich mit Ball in der Mitte an.

Systematischer Aufbau eines Angriffskonzepts im Handball
Eine Spieleröffnung mit Variationen und Weiterspieloptionen

⚠️ Die Rückraumwerfer müssen den Anlauf so timen, dass sie, möglichst ohne das Tempo zu verringern, mit dem letzten Schritt auf das Kastenoberteil in den Sprungwurf gehen können.

⚠️ Den Ablauf auch auf der anderen Seite spielen mit Würfen von Rückraum links.

Nr.: 1-6	Angriff / Kleingruppe	10	65

Aufbau:
- Mit einem Schaumstoffbalken den Spielbereich für das 3gegen2 eingrenzen.

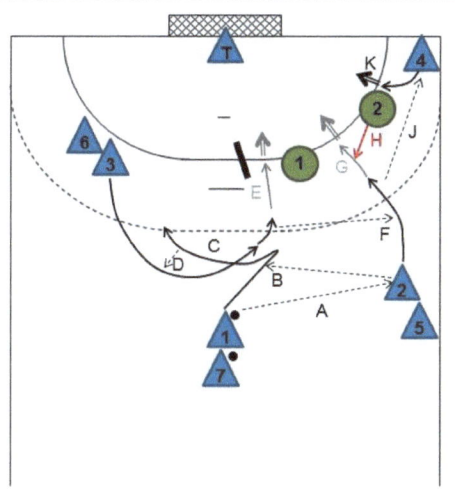

Ablauf:
- 1 passt zum Auftakt zu 2 (A), stößt leicht nach rechts an und bekommt den Rückpass (B).
- 1 zieht deutlich nach links (C) (eventuell mit der abwehrfernen Hand einmal prellen).
- 3 startet am Kreis, kreuzt hinter 1 (D) und bekommt den Pass gespielt.
- Lässt 1 eine große Lücke, kann 3 direkt auf das Tor ziehen (E).
- Im Regelfall passt 3 den Ball in den Parallelstoß von 2 (F).
- 2 zieht in vollem Tempo Richtung Abwehr und sucht zunächst den eigenen Durchbruch (G).
- Schließt 2 die Lücke (H), passt 2 weiter nach außen zu 4 (J) und 4 schließt mit Wurf ab (K). Alternativ kann 2 auch wieder zu 3 an den Kreis spielen (nicht im Bild), falls 1 die Lücke schließt.
- 1 stellt sich am Kreis an, 3 wechselt in den rechten Rückraum, 2 stellt sich mit Ball in der Mitte an, 4 hält die Position bzw. spielt abwechselnd mit einem zweiten Außenspieler.

⚠️ 2 soll im 3gegen2 torgefährlich agieren und den eigenen Durchbruch suchen, bevor er den Ball an den Kreis oder nach außen spielt.

⚠️ Den Ablauf auch auf der anderen Seite spielen mit dem 3gegen2 auf der linken Seite.

⚠️ Die Abwehrspieler regelmäßig wechseln.

Systematischer Aufbau eines Angriffskonzepts im Handball
Eine Spieleröffnung mit Variationen und Weiterspieloptionen

Nr.: 1-7	Angriff / Kleingruppe	15	80

Aufbau:
- Mit zwei Schaumstoffbalken die Spielbereiche markieren.

Ablauf:

- 3 passt zum Auftakt zu 4 (A), stößt leicht nach rechts an und bekommt den Rückpass (B).
- 3 zieht deutlich nach links (C) (eventuell mit der abwehrfernen Hand einmal prellen).
- 6 startet am Kreis, kreuzt hinter 3 (D) und bekommt in Variante 1 (Bild 1) den Pass gespielt.
- 6 passt den Ball in den Parallelstoß von 4 (E). Im Anschluss wird im rechten Spielkorridor im 3gegen2 weitergespielt bis zum Torabschluss (F, G und H).
- Nach dem Ankreuzen kann 3, anstatt den Ball zu 6 in dessen Kreuzung zu passen, den Ball auch in den Parallelstoß von 2 (J) auf die linke Seite spielen (Variante 2; Bild 2).
- 2 zieht Richtung Tor und versucht den eigenen Durchbruch (K).
- Schließt 1 die Lücke (L), passt 2 den nach außen zu 1 (M), der mit Wurf abschließt (N).

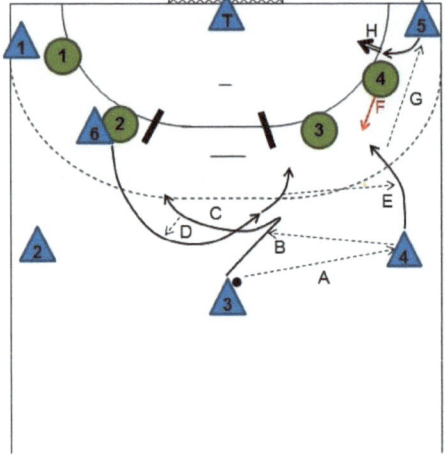

Bild 1

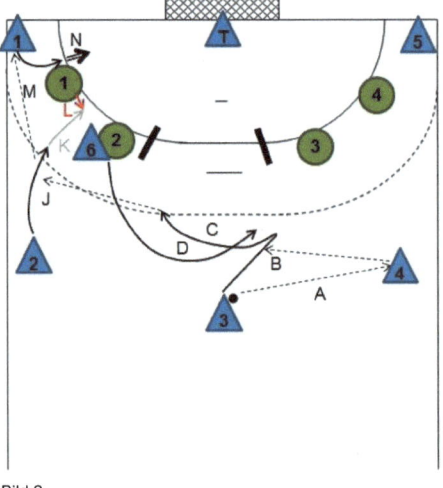

Bild 2

⚠ 3 entscheidet je nach Stellung von 2, welche Variante gespielt wird.

⚠ 2 muss jederzeit mit dem Parallelpass rechnen und entsprechend anlaufen.

⚠ Die Rückraumspieler sollen torgefährlich agieren und den eigenen Durchbruch suchen, bevor sie den Ball abspielen.

⚠ Die Abwehrspieler regelmäßig wechseln.

Systematischer Aufbau eines Angriffskonzepts im Handball
Eine Spieleröffnung mit Variationen und Weiterspieloptionen

Nr.: 1-8	Angriff / Team	10	90

Aufbau:
- Mit einem Schaumstoffbalken das Feld längs in rechte und linke Seite trennen.

Ablauf:
- Es wird im 6gegen6 gespielt. Dabei wird immer mit dem zuvor geübten Ablauf eröffnet.
- 3 passt zum Auftakt zu 4 (A), stößt leicht nach rechts an und bekommt den Rückpass (B).
- 3 zieht deutlich nach links (C) (eventuell mit der abwehrfernen Hand einmal prellen).

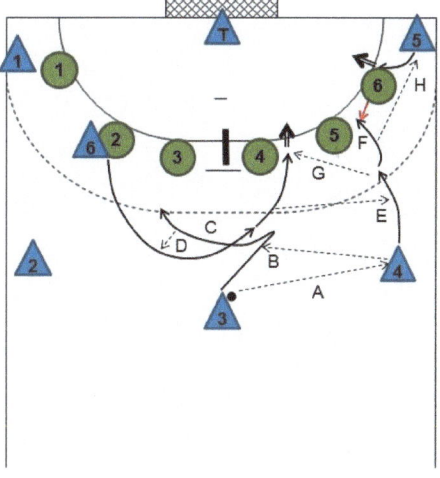

Bild 1

- 6 startet am Kreis und kreuzt hinter 3.
- 3 entscheidet nun, auf welcher Hälfte weitergespielt wird:
  - Passt 3 zu 6 in die Kreuzbewegung (D), passt 6 weiter zu 4 (E), und 4, 5 und 6 spielen auf der rechten Seite frei weiter bis zum Abschluss (F, G und H).
  - Passt 3 zu 2 in dessen Stoßbewegung (J), spielen 2, 1 und 3 auf der

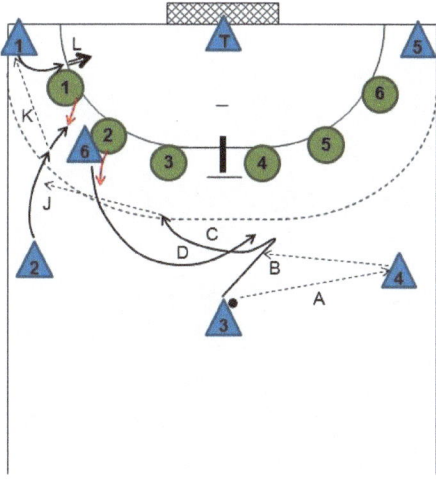

Bild 2

linken Seite weiter bis zum Torabschluss (K und L). 6 läuft weiter auf die andere Seite und greift nicht ins Spiel ein.
- Jede Mannschaft spielt 10 Angriffe, dabei wird jeweils fünfmal der Auftakt auf die linke und fünfmal auf die rechte Seite gestartet und dann je nach Entscheidung von 3 weitergespielt.
- Dann ist Aufgabenwechsel. Welches Team erzielt mehr Tore?

Systematischer Aufbau eines Angriffskonzepts im Handball
Eine Spieleröffnung mit Variationen und Weiterspieloptionen

Nr. 2	Spielkonzept Kreuzen RM mit dem Kreisläufer – Teil 2	★★★	90

	Startblock		Hauptblock		
X	Einlaufen / Dehnen		Angriff / Individuell		Sprungkraft
	Laufübung	X	Angriff / Kleingruppe		Sprintwettkampf
	Kleines Spiel	X	Angriff / Team		Torhüter
	Koordination	X	Angriff / Wurfserie		
	Laufkoordination		Abwehr / Individuell		**Schlussblock**
X	Kräftigung		Abwehr / Kleingruppe		Abschlussspiel
	Ballgewöhnung		Abwehr / Team		Abschlusssprint
X	Torhüter-Einwerfen		Athletiktraining		
			Ausdauertraining		

Legende:

✕ Hütchen

 Angreifer

 Abwehrspieler

 Ballkiste

▬ Pommes (Schaumstoffbalken)

 kleine Turnkiste

Benötigt:
- → 4 Hütchen,
  4 kleine Turnkisten,
  2 Schaustoffbalken
  (Pommes), Ballkiste mit
  ausreichend Bällen, Plakat mit
  Übungen

Beschreibung:
Das Kreuzen von Rückraum Mitte mit dem Kreisläufer wird in dieser Trainingseinheit, nach der Erwärmung und einem Kräftigungsparcours, im Torhüter-Einwerfen noch einmal in der Standardvariante aufgegriffen. Diese wird im Anschluss nach einer Wurfserie von außen und vom Kreis um den langen Pass im Rückraum erweitert. Anschließend steht die Entscheidung des Rückraumspielers nach dem langen Pass im Vordergrund, wobei zwei Spielvarianten erarbeitet werden.

Insgesamt besteht die Trainingseinheit aus den folgenden Schwerpunkten
- Einlaufen/Dehnen (Einzelübung: 10 Minuten/Trainingsgesamtzeit: 10 Minuten)
- Kräftigung (10/20)
- Torhüter einwerfen (15/35)
- Angriff/Wurfserie (10/45)
- Angriff/Kleingruppe (10/55)
- Angriff/Kleingruppe (10/65)
- Angriff/Kleingruppe (15/80)
- Angriff/Team (10/90)

Gesamtzeit der Trainingseinheit: 90 Min.

Systematischer Aufbau eines Angriffskonzepts im Handball
Eine Spieleröffnung mit Variationen und Weiterspieloptionen

Nr.: 2-1	Einlaufen / Dehnen		10	10

Aufbau:
- Mit Hütchen ein Rechteck oder Quadrat markieren.

Ablauf:
- Die Spieler bilden zunächst 2er-Gruppen.
- Für jede Laufrunde gibt der Trainer eine Laufaufgabe:
  - Vorwärtslaufen, Arme gegengleich kreisen
  - Rückwärtslaufen, Arme vorwärts/rückwärts kreisen o. ä.)

  und ein Gesprächsthema vor:
  - Was war heute in deinem Alltag besonders?
  - Wie hast du heute den Tag begonnen?
  - Was hast du direkt vor dem Training gemacht?
- Die 2er-Gruppen laufen nebeneinander um die Hütchen herum (A und B) und tauschen sich während der Laufbewegung über das vorgegebene Thema aus.
- Nach einer Runde werden die nächste Laufbewegung und das nächste Thema vorgegeben.
- Die Spieler bilden neue 2er-Gruppen und absolvieren die nächste Runde.
- Gemeinsam in der Gruppe dehnen/mobilisieren.

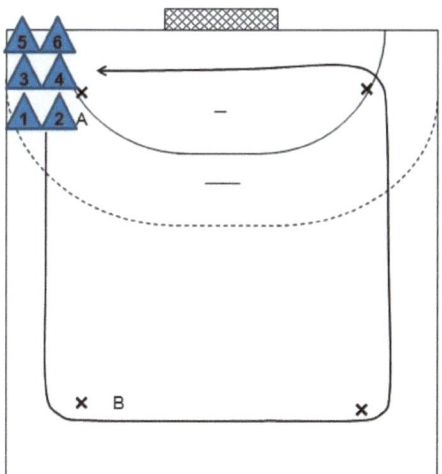
(Bild 1)

(Bild 2)

Nr.: 2-2	Kräftigung	10	20

Aufbau:
- Hütchen und kleine Turnkisten wie abgebildet aufstellen. (evtl. für die Kraftübungen Matten bereitlegen).
- Auf einem Plakat (A) Übungen notieren.
- Die Spieler in drei Gruppen aufteilen und jeder Gruppe einen Startpunkt zuweisen.

Ablauf:
- Die Spieler arbeiten die auf dem Plakat (A) angegebenen Übungen ab, dabei startet jede Gruppe an einem vorgegebenen Startpunkt.
- Jede abgearbeitete Aufgabe wird auf dem Plakat abgezeichnet, bis jeder Spieler alle Aufgaben absolviert hat.

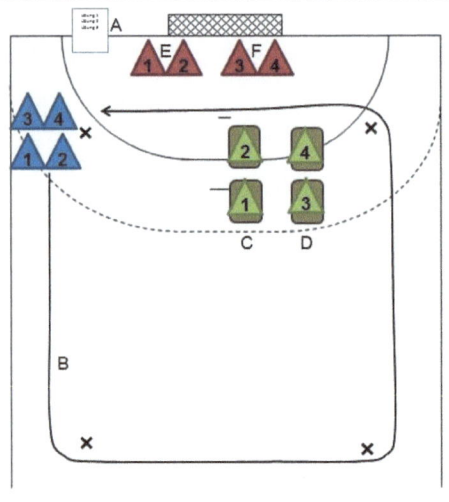

(Bild 1)

Aufgaben:
- 3-mal Sprint im Rechteck um die Hütchen (B).
- Dreimal rückwärts im Rechteck um die Hütchen laufen (B).
- 10-mal mit einem Bein auf den Kasten steigen und das andere Bein zum Ellenbogen anziehen (C) (s. Bild 2).
- 6-mal auf den Kasten steigen und mit gestreckten Beinen vom Kasten springen (Fußspitzen dabei nach oben ziehen) (D) (s. Bild 3).
- Sechs Burpees (E).
- 10 Bauchaufzüge (F).

(Bild 2) (Bild 3)

Systematischer Aufbau eines Angriffskonzepts im Handball
Eine Spieleröffnung mit Variationen und Weiterspieloptionen

| Nr.: 2-3 | Torhüter-Einwerfen | 15 | 35 |

Ablauf 1 (Bild 1):

- 1 passt zu 2 (A), stößt leicht nach rechts an und bekommt den Rückpass (B).

- 1 zieht deutlich nach links (C) (eventuell mit der abwehrfernen Hand einmal prellen).

- 3 startet am Kreis, kreuzt hinter 1 und bekommt den Pass gespielt (D).

- 3 passt 2 in den Anlauf (E) und 2 wirft nach Vorgabe (hoch, halb, tief) nach links (F).

- Während der Kreuzbewegung berührt T den linken Pfosten (G), spielt dann einen Doppelpass mit T (H) und hält dann den Wurf nach rechts (K).

- Dann startet der Ablauf mit den nächsten drei Spielern (1 stellt sich am Kreis, 2 in der Mitte und 3 auf Rückraum rechts an).

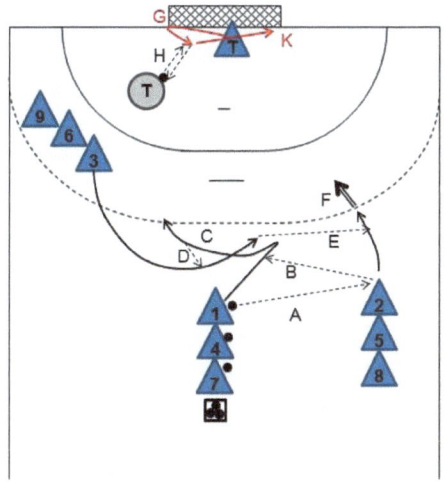

(Bild 1)

Ablauf 2 (Bilder 2 und 3):

- Der Auftakt (A bis D) aus Ablauf 1 bleibt erhalten.

- 3 passt 2 in den Anlauf (E).

- 1 stellt sich nach dem Kreuzen an den Kreis und wird zum Abwehrspieler im Defensivblock (F).

- Während der Kreuzbewegung berührt T den rechten Pfosten (G), spielt dann einen Doppelpass mit T (H) und postiert sich wieder in der Mitte (J).

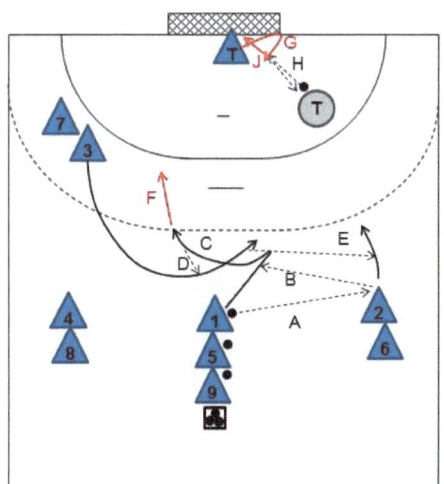

(Bild 2)

Systematischer Aufbau eines Angriffskonzepts im Handball
Eine Spieleröffnung mit Variationen und Weiterspieloptionen

- 2 passt den Ball (K) auf Rückraum links in den Anlauf von 4 (L).
- 4 wirft über den Block von 1 (M), T arbeitet mit dem Blockspieler zusammen und hält den Ball (N).

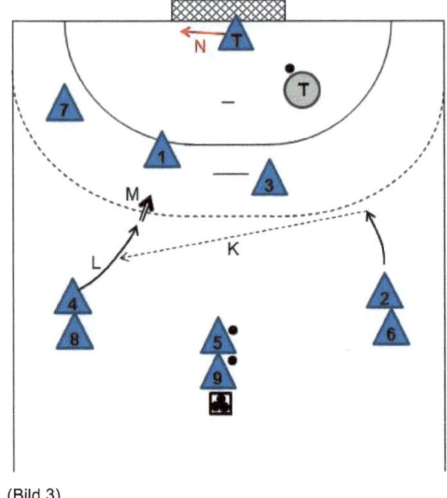

(Bild 3)

Systematischer Aufbau eines Angriffskonzepts im Handball
Eine Spieleröffnung mit Variationen und Weiterspieloptionen

Nr.: 2-4	Angriff / Wurfserie		10	45

Ablauf:

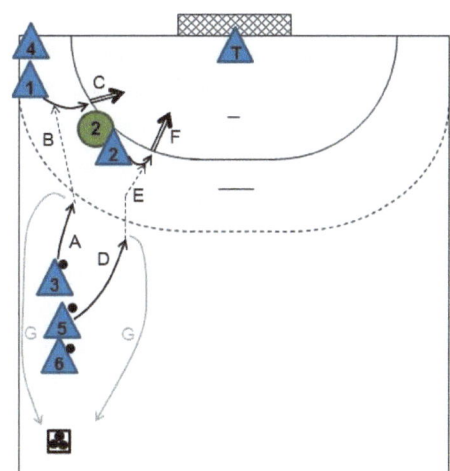

- 3 läuft mit Ball an (A) und passt nach außen zu 1 (B) in dessen Anlauf.
- 1 schließt mit Wurf ab (C).
- Dann startet 5 mit Ball, zieht etwas zur Mitte (D) und passt im Bodenpass zu 2 am Kreis (E).
- 2 schließt mit Wurf ab (F).
- Der Ablauf wiederholt sich mit Anlauf von 6, Pass nach Außen und Wurf von 4.
- Dann wirft wieder der Kreisläufer usw.
- Die Rückraumspieler ziehen sich sofort nach dem Pass zurück (G), holen einen weiteren Ball aus der Ballkiste und stellen sich im Rückraum wieder an.
- Die Außen stellen sich wieder auf Außen an, der Kreisläufer wirft mehrere Male hintereinander, immer mit einem Wurf von außen dazwischen.

Gesamtablauf als Wettkampf:
- Ein Spieler wirft am Kreis, mehrere Spieler werfen von außen.
- Es erfolgt immer ein Wurf von außen, dann ein Wurf vom Kreisläufer.
- Wer erzielt mehr Tore, die Außenspieler oder der Kreisläufer?
- Wenn jeder Außen einmal geworfen hat, wiederholt sich der Ablauf mit einem neuen Kreisläufer.

⚠ Die Wurfserie auch auf der rechten Seite ausführen.

Systematischer Aufbau eines Angriffskonzepts im Handball
Eine Spieleröffnung mit Variationen und Weiterspieloptionen

Nr.: 2-5	Angriff / Kleingruppe	10	55

Aufbau:
- Mit einem Schaumstoffbalken den Spielbereich des Kreisläufers begrenzen.

Ablauf:

- 3 passt zum Auftakt zu 4 (A), stößt leicht nach rechts an und bekommt den Rückpass (B).

- 3 zieht deutlich nach links (C) (eventuell mit der abwehrfernen Hand einmal prellen).

- 6 startet am Kreis, kreuzt hinter 3 und bekommt den Pass gespielt (D). 3 geht an den Kreis über (G).

- 6 passt weiter zu 4 in dessen Stoßbewegung (E) und geht anschließend an den Kreis über (F).

- 2 kommt in leichtem Bogen zur Mitte und bekommt den Pass von 4 in den Lauf (H).

- 2 trifft jetzt die Entscheidung:
    o Bleibt die Abwehr defensiv, wirft 2 aus dem Rückraum (J).
    o Tritt 3 auf 2 heraus (K), passt 2 zu 6 an den Kreis (L) und 6 schließt mit Wurf ab (M).

- Dann startet der nächste Ablauf mit neuen Rückraumspielern und einem neuen Kreisläufer.

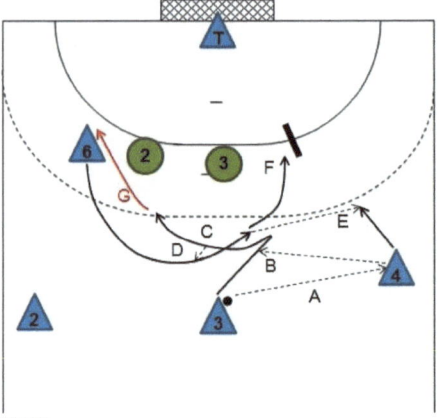

(Bild 1)

(Bild 2)

⚠️ 3 soll sein Abwehrverhalten variieren, sodass der Rückraumspieler vor unterschiedliche Entscheidungssituationen gestellt wird.

⚠️ Die Abwehrspieler regelmäßig wechseln.

⚠️ Den Ablauf auch auf der anderen Seite spielen mit Rückraum Rechts in der Entscheiderposition.

Nr.: 2-6 — Angriff / Kleingruppe — 10 | 65

Aufbau:
- Mit einem Schaumstoffbalken den Spielbereich des Kreisläufers begrenzen.

Ablauf:

- ▲3 passt zum Auftakt zu ▲4 (A), stößt leicht nach rechts an und bekommt den Rückpass (B).

- ▲3 zieht deutlich nach links (C) (eventuell mit der abwehrfernen Hand einmal prellen).

- ▲6 startet am Kreis, kreuzt hinter ▲3 und bekommt den Pass gespielt (D).

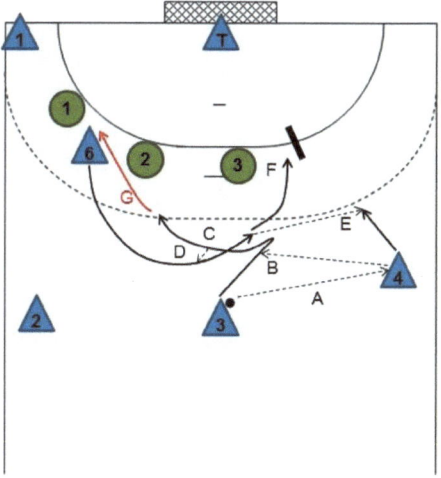

Bild 1

- ▲6 passt weiter zu ▲4 in dessen Stoßbewegung (E) und geht anschließend an den Kreis über (F).

- ▲3 postiert sich auf der anderen Seite ebenfalls am Kreis (G).

- ▲2 kommt in einem leichten Bogen zur Mitte und bekommt den Pass von ▲4 in den Lauf (H).

- ▲2 trifft jetzt die Entscheidung:
  - Bleibt die Abwehr defensiv, wirft ▲2 aus dem Rückraum (J).

  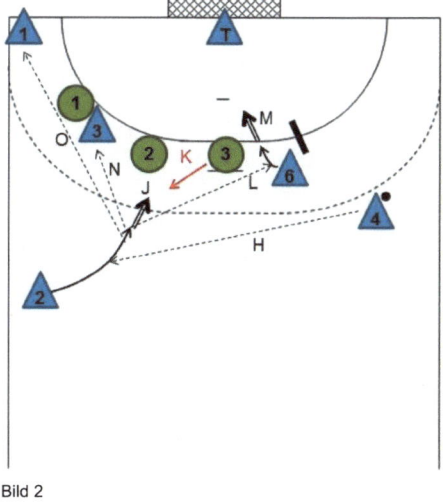

  Bild 2

  - Tritt ③ auf ▲2 heraus (K), passt ▲2 zu ▲6 an den Kreis (L) und ▲6 schließt mit Wurf ab (M).
  - Verhindert ② den Wurf und ③ deckt ▲6 ab, kann ▲2 mit ▲3 am Kreis (N) oder mit ▲1 auf außen (O) zusammenspielen, je nach Stellung von ①.

- Dann startet der nächste Ablauf mit fünf neuen Angreifern.

Systematischer Aufbau eines Angriffskonzepts im Handball
Eine Spieleröffnung mit Variationen und Weiterspieloptionen

⚠ Die Abwehrspieler sollen das Abwehrverhalten variieren, sodass der Rückraumspieler vor unterschiedliche Entscheidungssituationen gestellt wird.

⚠ Die Abwehrspieler regelmäßig wechseln.

⚠ Den Ablauf auch auf der anderen Seite spielen mit Rückraum Rechts in der Entscheiderposition.

Nr.: 2-7	Angriff / Kleingruppe	15	80

Aufbau:
- Mit zwei Schaumstoffbalken (Pommes) den Spielbereich begrenzen.

Ablauf:

- 3 passt zum Auftakt zu 4 (A), stößt leicht nach rechts an und bekommt den Rückpass (B).

- 3 zieht deutlich nach links (C) (eventuell mit der abwehrfernen Hand einmal prellen).

- 6 startet am Kreis, kreuzt hinter 3 (D) und bekommt den Pass gespielt.

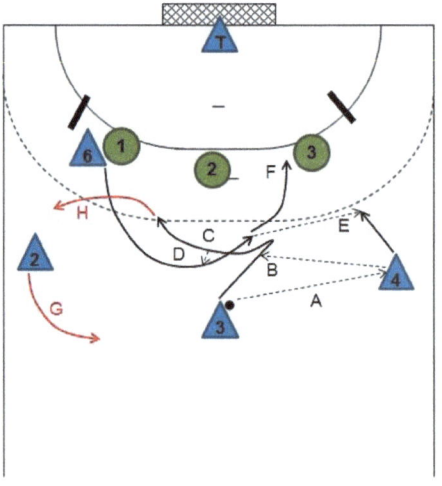

(Bild 1)

- Lässt 1 eine große Lücke, kann 6 direkt auf das Tor ziehen (nicht im Bild).

- Im Regelfall passt 6 den Ball in den Parallelstoß von 4 (E). Sollte sich die Möglichkeit ergeben, bricht 4 zum Kreis durch (nicht im Bild).

- Nach dem Parallelpass läuft 6 an den Kreis weiter (F).

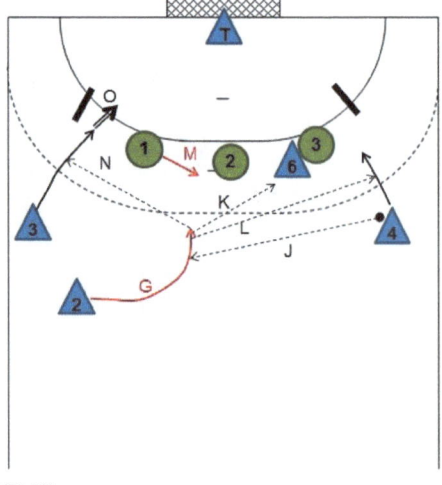

(Bild 2)

- 3 zieht sich nach dem Kreuzen auf Rückraum links zurück (H).
- 2 gleicht zur Mitte aus (G).
- 4 passt 2 in den Lauf (J) und 2 trifft jetzt die Entscheidung entsprechend des Verhaltens der Abwehr:
    - Bleibt die Abwehr defensiv, kann 2 aus dem Rückraum werfen.
    - Je nach Stellung von 3 kann 2 an den Kreis (K) oder zu 4 zurück passen (L).
    - Verschiebt 1 in der Abwehr (M), passt 2 zu 3 (N) und 3 bricht durch und schließt mit Wurf ab (O).

Gesamtablauf als Wettkampf:
- Drei Spieler starten in der Abwehr, die restlichen Spieler bilden 4er-Gruppen für den Angriff und stehen im Wettkampf gegeneinander (eventuell kann der Kreisläufer in mehreren oder allen 4er-Gruppen im Angriff spielen).
- Die 4er-Gruppen starten im Angriff immer mit dem vorher geübten Ablauf. Nach dem Kreuzen mit dem Kreisläufer darf frei weitergespielt werden.
- Welche 4er-Gruppe erzielt die meisten Tore? Alle Spieler dieser Gruppe erhalten einen Punkt.
- Dann spielen andere Spieler in der Abwehr und es werden neue 4er-Gruppen gebildet.
- Welche Spieler haben am Ende die meisten Punkte?

Nr.: 2-8 Angriff / Team 10 90

Ablauf:
- Es wird im 6gegen6 gespielt, dabei sollen die im Training erarbeiteten Varianten angewendet werden.
- Nach 10 Angriffen wechseln Angriff und Abwehr die Aufgaben.
- ③ passt zu ④ (A), stößt nach rechts an und bekommt den Rückpass (B).
- ③ zieht deutlich nach links (C) (eventuell einmal prellen).
- ⑥ startet am Kreis, kreuzt hinter ③ (D) und bekommt den Pass gespielt. (Bild 1)
- ⑥ passt den Ball in den Parallelstoß von ④ (E). Sollte sich die Möglichkeit ergeben, bricht ④ zum Kreis durch (nicht im Bild).
- Nach dem Parallelpass läuft ⑥ an den Kreis weiter (F).
- Je nach gespielter Variante postiert sich ③ als zusätzlicher Kreisläufer (G) oder zieht sich auf Rückraum links zurück (H).

Variante 1: Übergang auf zwei Kreisläufer (Bild 2):
- ② kommt im Bogen zur Mitte und bekommt den Pass von ④ (J).
- ② trifft jetzt die Entscheidung:
  - Bleibt die Abwehr defensiv, wirft ② aus dem Rückraum (K).
  - Tritt ③ auf ② heraus, passt ② zu ③ an den Kreis (L). (Bild 2)
  - Schiebt ④ nach innen, kann der Pass zu ⑥ erfolgen (M).
  - Umläuft ② ③ am Kreis (N) und ① schiebt nach innen (O), spielt ② nach außen (P).

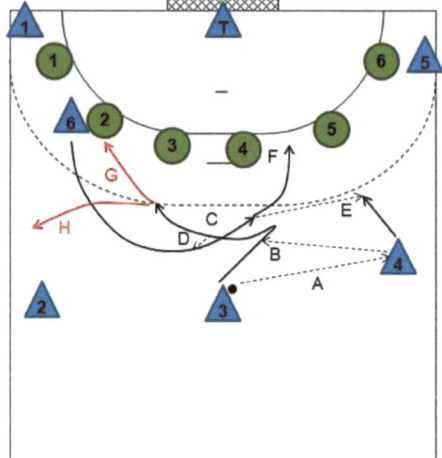

Variante 2: Weiterspiel mit einem Kreisläufer (Bild 3):

- ▲2 kommt in einem etwas kürzeren Bogen zur Mitte und bekommt den Pass von ▲4 (J).
- Bleibt die Abwehr defensiv, wirft ▲2 (K).
- Schiebt die Abwehr nach innen (L), kann nach links außen abgeräumt werden (M/N, O/P).
- Schiebt die Abwehr nach links, erfolgt der Rückpass zu ▲4 (Q) und es wird frei weitergespielt.

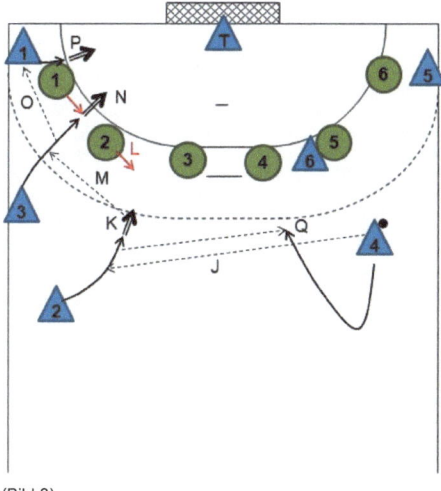

(Bild 3)

Notizen:

Systematischer Aufbau eines Angriffskonzepts im Handball
Eine Spieleröffnung mit Variationen und Weiterspieloptionen

Nr. 3	Spielkonzept Kreuzen RM mit dem Kreisläufer plus Einlaufen von außen		★★★	90
	Startblock	**Hauptblock**		
X	Einlaufen / Dehnen		Angriff / Individuell		Sprungkraft
	Laufübung	X	Angriff / Kleingruppe	X	Sprintwettkampf
X	Kleines Spiel	X	Angriff / Team		Torhüter
	Koordination	X	Angriff / Wurfserie		
	Laufkoordination		Abwehr / Individuell	**Schlussblock**	
	Kräftigung		Abwehr / Kleingruppe		Abschlussspiel
	Ballgewöhnung		Abwehr / Team		Abschlusssprint
X	Torhüter-Einwerfen		Athletiktraining		
			Ausdauertraining		

Legende:

✖ Hütchen

 Angreifer

 Abwehrspieler

 Ballkiste

▬ Pommes (Schaumstoffbalken)

Benötigt:
→ 4 Pommes (Schaumstoffbalken),
4 Hütchen, 1 Ballkiste mit ausreichend Bällen,
1 Leibchen

Beschreibung:

In dieser Trainingseinheit wird die Auftakthandlung Kreuzen von Rückraum Mitte und Kreisläufer um ein Einlaufen von der Außenposition ergänzt. Nach der Erwärmung mit einem Fangspiel und einem Sprintwettkampf wird bereits im Torhüter-Einwerfen ein Einlaufen eingebaut. Eine Wurfserie wiederholt zunächst den Standardablauf, bevor in zwei Kleingruppenübungen eine erste Variante des Einläufers von außen mit Entscheidungen erarbeitet wird. Zum Abschluss wird im Team eine weitere Variante aufgezeigt und beide Varianten können im freien Spiel erprobt werden.

Insgesamt besteht die Trainingseinheit aus den folgenden Schwerpunkten
- Einlaufen/Dehnen (Einzelübung: 10 Minuten/Trainingsgesamtzeit: 10 Minuten)
- Kleines Spiel (10/20)
- Sprintwettkampf (10/30)
- Torhüter einwerfen (10/40)
- Angriff/Wurfserie (10/50)
- Angriff/Kleingruppe (15/65)
- Angriff/Kleingruppe (10/75)
- Angriff/Team (15/90)

Gesamtzeit der Trainingseinheit: 90 Min.

| Nr.: 3-1 | Einlaufen / Dehnen | 10 | 10 |

Ablauf:
- Jeder Spieler hat zwei Bälle.
- Es werden verschiedene Prellvarianten durchgeführt. Dabei laufen die Spieler auf den Linien.
- Treffen sich zwei Spieler, wird einer der beiden Bälle ausgetauscht, ohne die entsprechende Prellvariante zu unterbrechen.

Prellaufgaben:
- Die Spieler prellen mit zwei Bällen gleichzeitig.
- Die Spieler prellen mit zwei Bällen, die abwechselnd auf dem Boden aufgeprellt werden.
- Die Spieler prellen mit der Wurfhand und führen den zweiten Ball mit dem Fuß.
- Die Spieler prellen mit der Nicht-Wurfhand und führen den zweiten Ball mit dem Fuß.

Gemeinsam in der Gruppe dehnen/mobilisieren.

| Nr.: 3-2 | Kleines Spiel | 10 | 20 |

Ablauf:

- Ein Spieler ist Fänger (1), er wird mit einem Leibchen gekennzeichnet.
- Der Trainer nennt als Startkommando eine Zahl (hier 3).
- Die gejagten Spieler versuchen, sich zu Gruppen der genannten Zahl zusammenzufinden (B). Bei richtiger Anzahl Spieler pro Gruppe können die Spieler nicht gefangen werden.
- 1 versucht, einen Spieler abzuschlagen, der nicht zu einer Gruppe gefunden hat.
- Er fängt (C) die übrig gebliebenen Spieler (D) so lange, bis er einen Spieler abgeschlagen hat (E). Er übergibt diesem Spieler das Leibchen, der abgeschlagene Spieler wird damit zum nächsten Fänger. Dann nennt der Trainer die nächste Zahl und der Ablauf beginnt von Neuem.

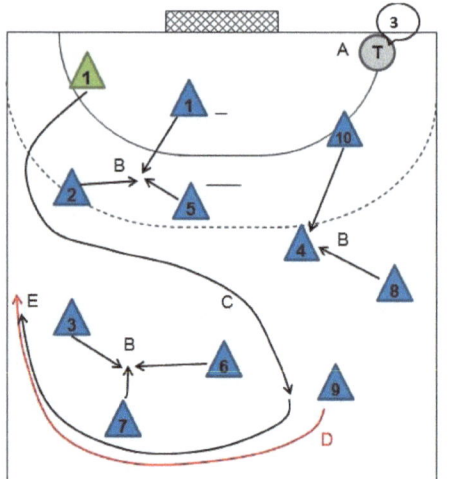
(Bild 1)

(Bild 2: Beispiel für 8er-Gruppe)

⚠ Die Spieler müssen immer neue Gruppen bilden, sie müssen sich für den nächsten Durchgang andere Partner zur Gruppenbildung suchen.

⚠ Bilden zu viele (oder zu wenige) Spieler eine Gruppe, dürfen alle Spieler abgeschlagen werden.

Systematischer Aufbau eines Angriffskonzepts im Handball
Eine Spieleröffnung mit Variationen und Weiterspieloptionen

Nr.: 3-3	Sprintwettkampf	10	30

Aufbau:
- Mit Hütchen eine Start- und eine Ziellinie definieren, zwei Mannschaften bilden.

Ablauf 1 (Bild 2):
- Die Spieler der Mannschaften stellen sich mit geringem Abstand hintereinander auf, die Beine in Grätschstellung.
- Jeweils der hintere Spieler startet hinter der Startlinie und hat einen Ball.
- 🔺 und 🔺 starten gleichzeitig und laufen mit Ball bis vor die Gruppe (A).
- Vorne angekommen, wird der Ball durch die gegrätschten Beine der Teammitglieder durchgerollt (B).
- Der hinterste Spieler (jetzt 🔺 / 🔺) nimmt den Ball auf und der Ablauf wiederholt sich.
- Nach dem Rollen des Balles schließen sich die Spieler vorne an der Gruppe an.
- Die Mannschaft, bei der zuerst alle Spieler hinter der Ziellinie angekommen sind, gewinnt einen Punkt.

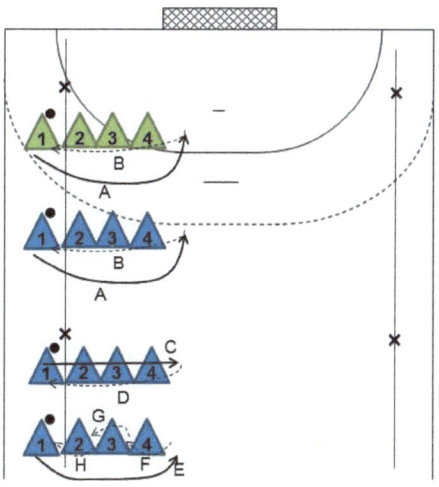

Bild 1

Bild 2

Ablauf 2 (Bild 3 und 4):

- Die Spieler ohne Ball legen sich nebeneinander auf den Bauch.
- 🔺 und 🔺 laufen (C) mit Ball über die liegenden Spieler (Bild 3), die im Anschluss sofort alle aufstehen.
- Dann wird der Ball wieder durch die gegrätschten Beine zum letzten Spieler zurückgerollt (Bild 4).
- Alle legen sich wieder hin, 🔺 und 🔺 ganz vorne, und der Ablauf startet von Neuem.
- Die Mannschaft, bei der zuerst alle Spieler hinter der Ziellinie angekommen sind, gewinnt einen Punkt.

Ablauf 3:

- 🔺 und 🔺 starten gleichzeitig und laufen mit Ball bis vor die Gruppe (E).
- Vorne angekommen, wird der Ball durch die Beine an den nächsten Spieler übergeben (F).
- Dieser Spieler gibt den Ball über Kopf (G) weiter an den dritten Spieler, der dritte Spieler wieder durch die Beine zum vierten Spieler (H) usw.
- Der letzte Spieler nimmt den Ball auf, läuft nach vorne usw.
- Die Mannschaft, bei der zuerst alle Spieler hinter der Ziellinie angekommen sind, gewinnt einen Punkt.

(Bild 3)

(Bild 4)

⚠️ Die Spieler sollen beim Anstellen die Abstände nicht zu groß wählen. Eventuell in Ablauf 1 und 3 die Hüfte des Vordermanns fassen, beim Liegen in Ablauf zwei eine Hand auf das Schulterblatt des Vordermanns legen.

| Nr.: 3-4 | Torhüter-Einwerfen | 10 | 40 |

Aufbau:
- Mit einem Schaumstoffbalken die Wurfposition markieren.

Ablauf:

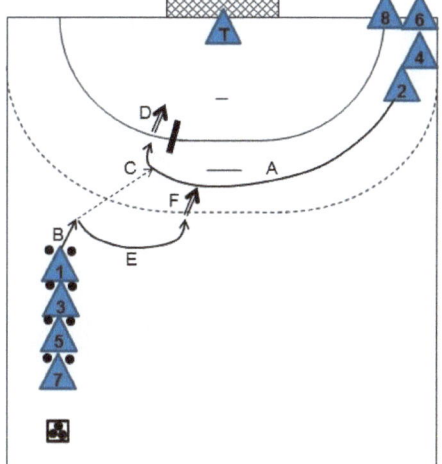

- 2 startet von der Außenposition und läuft am Kreis entlang ein (A).
- 1 hat zu Beginn zwei Bälle. Er stößt leicht an (B) und passt einen der Bälle 2 in den Lauf (C).
- 2 wirft (D) nach Vorgabe (rechts hoch / rechts tief / links hoch / links tief).
- 1 bricht sofort nach dem Pass zur Mitte ab (E) und wirft diagonal in die Ecke von 2´s Wurf (F).
- Sofort startet der nächste Durchgang mit den nächsten beiden Spielern.

⚠ Der Torhüter startet immer aus der Tormitte heraus. Er soll nicht zu früh in die Ecke laufen.

⚠ Im zweiten Teil des Einwerfens von der anderen Seite starten, mit Würfen von der rechten Seite.

| Nr.: 3-5 | Angriff / Wurfserie | 10 | 50 |

Aufbau:
- Mit zwei Schaumstoffbalken (Pommes) den Durchbruchraum markieren (s. Bild).

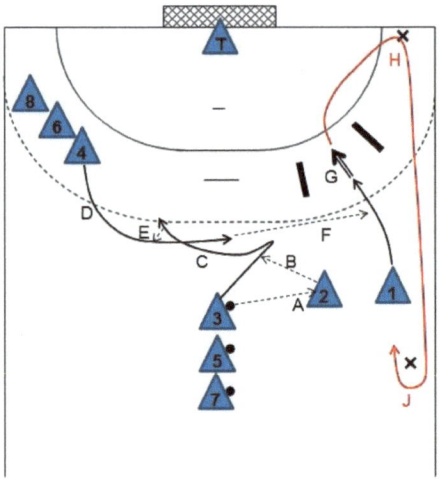

Ablauf:
- 3 passt zum Auftakt zu 2 (A), stößt leicht nach rechts an und bekommt den Rückpass (B).
- 3 zieht deutlich nach links (C) (eventuell mit der abwehrfernen Hand einmal prellen).
- 4 startet am Kreis (D), kreuzt hinter 3 (E) und bekommt den Pass gespielt.
- 1 läuft im rechten Rückraum an, bekommt den Pass in den Lauf (F) und wirft (G).
- Nach dem Wurf läuft 1 sofort zum Hütchen auf der Torlinie, berührt dieses (H) und umläuft dann das zweite Hütchen (J).
- Während 1 die Hütchen umläuft, startet 5 den Ablauf erneut mit Auftaktpass zu 2 und kreuzen mit 6.
- 1 startet wieder Richtung Tor, bekommt den Pass nach dem Kreuzen und wirft erneut.

Gesamtablauf als Wettkampf:
- Jeder Spieler wirft dreimal hintereinander, dann werden die Aufgaben gewechselt.
- Welche Spieler erzielen die meisten Tore?

⚠ Der Auftakt muss zeitlich so gestartet werden, dass der Kreisläufer nach dem Kreuzen nicht auf den Werfer warten muss und sofort den Pass in den Lauf spielen kann (erst starten, wenn der Werfer bereits auf dem Weg zum zweiten Hütchen ist). Der Werfer selbst muss den Auftakt beobachten und eventuell am Hütchen etwas verzögern.

Systematischer Aufbau eines Angriffskonzepts im Handball
Eine Spieleröffnung mit Variationen und Weiterspieloptionen

| Nr.: 3-6 | Angriff / Kleingruppe | 15 | 65 |

Aufbau:
- Mit vier Schaumstoffbalken die Spielräume links und rechts begrenzen (s. Bild).

Ablauf 1:
- 3 passt zum Auftakt zu 4 (A), stößt leicht nach rechts an und bekommt den Rückpass (B).
- 3 zieht deutlich nach links (C) (eventuell mit der abwehrfernen Hand einmal prellen).
- 6 startet am Kreis, kreuzt hinter 3 (D) und bekommt den Pass gespielt (E).
- 3 zieht sich nach dem Kreuzen auf Rückraum Mitte zurück (F).
- 6 zieht nach dem Kreuzen mit Ball weit nach rechts (G), 5 läuft von der Außenposition an (H), kreuzt hinter 6 und bekommt den Ball gespielt (J).
- Aus dem vollen Lauf passt 5 zu 2 (K), der auf Rückraum links Richtung Tor startet (L).
- 2 schließt mit Wurf ab (M).
- Dann startet 7 den nächsten Ablauf auf die andere Seite mit Abschluss auf Rückraum rechts.
- 6 postiert sich dafür zu Beginn auf der rechten Seite.

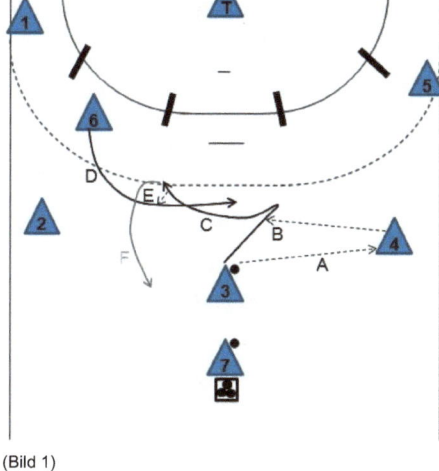

(Bild 1)

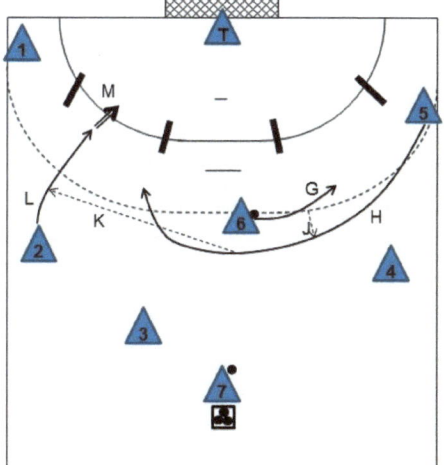

(Bild 2)

Ablauf 2:

- Der Auftakt aus Ablauf 1 bleibt erhalten.
- Die Übung wird um Abwehrspieler gegen Rückraum links und Rückraum rechts erweitert.
- ▲6 zieht nach dem Kreuzen mit Ball weit nach rechts (G), ▲5 läuft von der Außenposition an (H), kreuzt hinter ▲6 und bekommt den Ball gespielt (J).
- Aus dem vollen Lauf passt ▲5 zu ▲2 (K), der auf Rückraum links Richtung Tor startet (L).

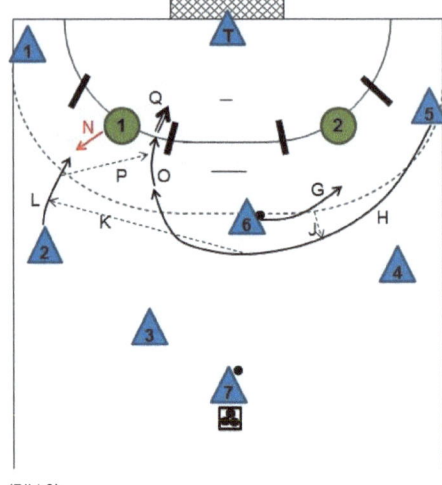

(Bild 3)

- ▲2 trifft jetzt die Entscheidung je nach Stellung von ●1 in der Abwehr:
    o Bleibt ●1 defensiv, wirft ▲2 aus dem Rückraum.
    o Tritt ●1 heraus (N), passt ▲2 zu ▲5 (P), der nach dem Pass weiterläuft (O) und innerhalb der Markierung mit Wurf abschließt (Q).
- Dann startet ▲7 den nächsten Ablauf auf die andere Seite mit der Entscheidung auf Rückraum rechts.

Systematischer Aufbau eines Angriffskonzepts im Handball
Eine Spieleröffnung mit Variationen und Weiterspieloptionen

Nr.: 3-7	Angriff / Kleingruppe	10	75

Aufbau:
- Mit Schaumstoffbalken den Spielbereich links und rechts begrenzen (s. Bild).

Ablauf:

- 3 passt zum Auftakt zu 4 (A), stößt leicht nach rechts an und bekommt den Rückpass (B).
- 3 zieht deutlich nach links (C) (eventuell mit der abwehrfernen Hand einmal prellen).
- 6 startet am Kreis, kreuzt hinter 3 (D) und bekommt den Pass gespielt (E).

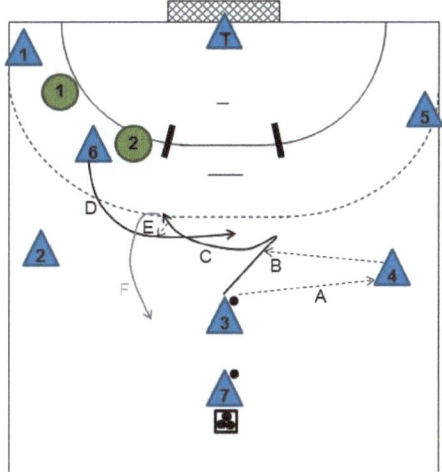
(Bild 1)

- 3 zieht sich nach dem Kreuzen auf Rückraum Mitte zurück (F).
- 6 zieht nach dem Kreuzen mit Ball weit nach rechts (G), 5 läuft von der Außenposition an (H), kreuzt hinter 6 und bekommt den Ball gespielt (J).
- Aus dem vollen Lauf passt 5 zu 2 (K), der auf Rückraum links Richtung Tor startet (L).
- 2 trifft jetzt die Entscheidung je nach Stellung der beiden Abwehrspieler:

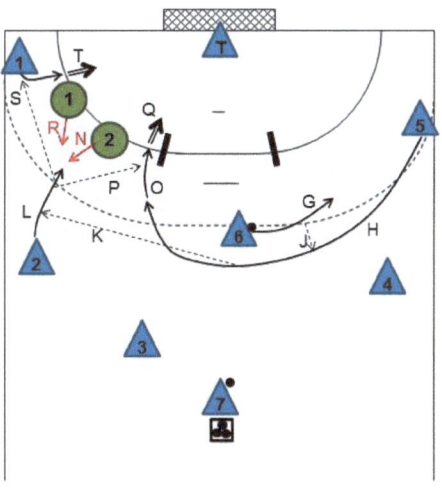
(Bild 2)

   o Bleiben beide defensiv, wirft 2 aus dem Rückraum (Option 1) oder bricht selbst durch (Option 2).
   o Tritt 2 auf 2 heraus (N), passt 2 zu 5 (P), der nach dem Pass weiterläuft (O) und innerhalb der Markierung mit Wurf abschließt (Q).
   o Tritt 1 heraus oder schließt die Lücke (R), passt 2 zu 1 nach außen (S) und 1 schließt mit Wurf ab (T).

- Dann startet ⑦ den nächsten Ablauf auf der anderen Seite mit der Entscheidung auf Rückraum rechts. Die beiden Abwehrspieler wechseln hierfür auf die andere Seite.

⚠ Die Rückraumspieler sollen entschlossen Richtung Tor gehen und zunächst die eigene Chance suchen. Gleichzeitig sollen sie die Abwehrbewegung beobachten und die entsprechende Entscheidung (Pass nach Außen oder zum Nachläufer) treffen.

⚠ Die Abwehrspieler regelmäßig wechseln.

Systematischer Aufbau eines Angriffskonzepts im Handball
Eine Spieleröffnung mit Variationen und Weiterspieloptionen

Nr.: 3-8	Angriff / Team	15	90

Ablauf 1:
- Es wird eine Variante des bekannten Ablaufs im 6gegen6 gespielt.
- 3 passt zum Auftakt zu 4 (A), stößt leicht nach rechts an und bekommt den Rückpass (B).
- 3 zieht deutlich nach links (C) (eventuell mit der abwehrfernen Hand einmal prellen).
- 6 startet am Kreis, kreuzt hinter 3 (D) und bekommt den Pass gespielt (E).
- Beim Pass von 3 zu 6 (E), startet 5 auf Außen und läuft in hohem Tempo nahe am Kreis in die Mitte ein (F) mit dem Ziel, 6 in Richtung Mitte mitzuziehen (G).
- Mit dem Einlaufen verlagert 4 etwas nach außen, läuft dann in hohem Tempo an (H) und bekommt von 6 den Ball in den Lauf (J) gepasst.
- 4 schließt auf außen mit Wurf ab (K).
- Dann startet der Ablauf auf der anderen Seite.

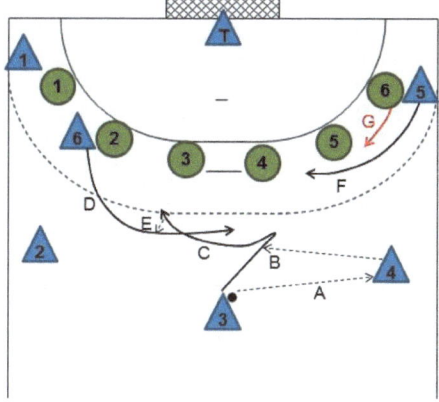
(Bild 1)

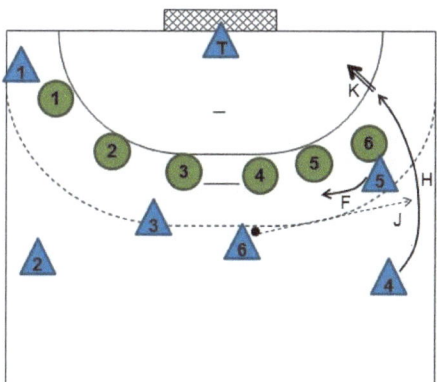
(Bild 2)

⚠️ 5 muss das richtige Timing für das Einlaufen finden. Er darf nicht so früh laufen, dass 6 übergibt und sich wieder auf die Außenposition konzentrieren kann.

Ablauf 2:
- Es wird im 6gegen6 gespielt.
- Die angreifende Mannschaft spielt 10 Angriffe.
- Es wird immer mit dem Ablauf „Kreuzen mit dem Kreisläufer" gestartet und zusätzlich von außen eingelaufen.
- Dabei können beide im Training eingeführten Einläufervarianten gespielt werden.
- Nach 10 Angriffen wird getauscht. Welche Mannschaft erzielt mehr Tore?

Nr. 4	Spielkonzept Kreuzen RM mit dem Kreisläufer plus Übergang aus dem Rückraum		★★★	90
Startblock		**Hauptblock**		
X	Einlaufen / Dehnen		Angriff / Individuell		Sprungkraft
	Laufübung	X	Angriff / Kleingruppe		Sprintwettkampf
X	Kleines Spiel	X	Angriff / Team		Torhüter
	Koordination		Angriff / Wurfserie		
	Laufkoordination		Abwehr / Individuell		**Schlussblock**
	Kräftigung		Abwehr / Kleingruppe		Abschlussspiel
X	Ballgewöhnung		Abwehr / Team		Abschlusssprint
X	Torhüter-Einwerfen		Athletiktraining		
			Ausdauertraining		

Legende:

✗   Hütchen

  Angreifer

  Abwehrspieler

  Ballkiste

▬▬▬   Pommes (Schaumstoffbalken)

Benötigt:
→ 1 Pommes (Schaumstoffbalken),
4 Hütchen, 2 Ballkisten mit ausreichend Bällen, Leibchen, evtl. ein Zwischenteil eines großen Turnkastens

Beschreibung:
Die vierte Trainingseinheit kombiniert das Kreuzen von Rückraum Mitte und dem Kreisläufer mit einem Übergang aus dem Rückraum. Nach der Erwärmung mit Ballgewöhnung und einer Fangspielvariante werden die Laufwege eingeführt. Auf das Torhüter-Einwerfen folgenden mehrere Kleingruppenübungen, die die Entscheidungsmöglichkeiten aufzeigen, bevor im Team der Ablauf gegen verschiedene offensive und defensive Abwehrvarianten erprobt wird.

Insgesamt besteht die Trainingseinheit aus den folgenden Schwerpunkten
- Einlaufen mit Ballgewöhnung (Einzelübung: 15 Minuten/Trainingsgesamtzeit: 15 Minuten)
- Kleines Spiel (10/25)
- Ballgewöhnung (10/35)
- Torhüter einwerfen (10/45)
- Angriff/Kleingruppe (10/55)
- Angriff/Kleingruppe (15/70)
- Angriff/Team (20/90)

Gesamtzeit der Trainingseinheit: 90 Min.

| Nr.: 4-1 | Einlaufen mit Ballgewöhnung | 15 | 15 |

Ablauf 1:
- Die Spieler bilden zunächst 3er-Gruppen mit einem Ball pro Gruppe.
- Die Gruppen laufen durcheinander in der Hallenhälfte und passen sich dabei den Ball immer in der gleichen Reihenfolge (1-2-3-1 usw.).
- Es werden verschiedene Lauf- und Passvarianten ausgeführt.

Ablauf 2 (s. Bild):
- Jede Gruppe nimmt zusätzlich zum Ball ein Leibchen.

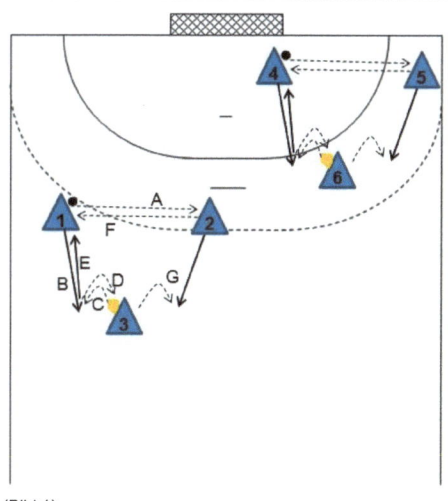

(Bild 1)

- Zwei Spieler der Gruppe (einer mit Ball) stehen auf einer Höhe, der dritte Spieler steht 2-3 Meter dahinter mit einem Leibchen in der Hand (s. Bild).
- 1 passt zu 2 (A) und läuft dann sofort rückwärts Richtung 3 (B).
- 3 wirft das Leibchen hoch (C), 1 fängt das Leibchen und wirft es sofort zurück (D).
- Dann stößt 1 nach vorne (E) und bekommt den Rückpass von 2 (F).
- Nach dem Pass läuft 2 rückwärts Richtung 3 und bekommt das Leibchen gepasst (G), wirft es zurück, stößt nach vorne und der Ablauf beginnt von vorne.
- Die anderen Gruppen führen den Ablauf parallel durch.
- Da die Spieler nach Erhalt des Balles nicht gleich zurückpassen können (der Partner absolviert zunächst den Doppelpass mit dem Leibchen), führen sie mit Ball verschiedene Zwischenübungen durch:
    - Den Ball einmal um den Körper prellen.
    - Den Ball zweimal um den Körper kreisen, eine Passtäuschung nach rechts und eine Passtäuschung nach links ausführen.
    - Den Ball in der Acht um die Beine prellen.
    - Den Ball hochwerfen und hinter dem Rücken fangen.
- Nach 20 Pässen werden jeweils die Aufgaben innerhalb der 3er-Gruppe getauscht.

Erweiterung:
- Auch die Spieler mit Leibchen führen Zwischenübungen aus zwischen den Leibchen-Doppelpässen:
    - Das Leibchen einmal durch die Beine geben (Bild 2).
    - Das Leibchen einmal hochwerfen und wieder fangen.
    - Beim Rückpass das Leibchen mit dem Fuß fangen und von dort in die Hand geben.

(Bild 2)

Systematischer Aufbau eines Angriffskonzepts im Handball
Eine Spieleröffnung mit Variationen und Weiterspieloptionen

Nr.: 4-2	Kleines Spiel	10	25

Aufbau:
- Mit Hütchen und vorhandenen Linien ein Rechteck als Spielfeld markieren.
- Zwei Mannschaften bilden.

Ablauf:
- Eine Mannschaft startet im Feld. Alle Spieler dieser Mannschaft prellen fortlaufend mit je einem Ball.
- Die zweite Mannschaft verteilt sich außerhalb des Feldes mit zwei farblich deutlich erkennbaren Bällen (hier blau und grün).
- Der blaue Ball wird von der Mannschaft außerhalb des Feldes permanent gepasst (A, B und C).
- Der Spieler mit dem grünen Ball, prellt in das Feld (D) und versucht, prellend einen der Spieler im Feld abzuschlagen.
- Die Spieler im Feld versuchen (ebenfalls prellend) zu fliehen und das Abschlagen zu verhindern (E und F).
- Der Fänger darf den Ball auch zu einem anderen Spieler der Mannschaft passen (G), der gerade nicht den blauen Ball hat.
- Dann wird dieser Spieler zum Fänger (H), der bisherige Fänger verlässt das Feld.
- Wird ein Spieler abgeschlagen (J und K), setzt er sich kurz hin und steht wieder auf. Erst dann kann er wieder gefangen werden.
- Die Fänger bekommen für jeden abgeschlagenen Spieler einen Punkt.
- Nach fünf Minuten werden die Aufgaben getauscht. Wer erzielt mehr Punkte?

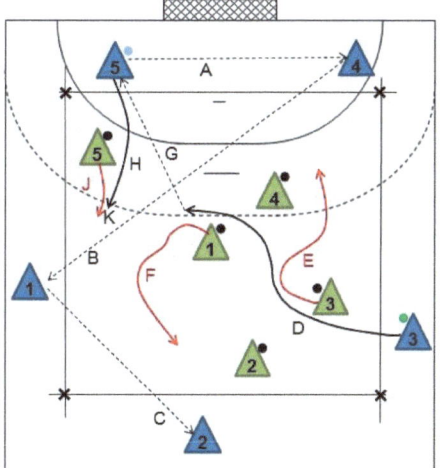
(Bild 1)

(Bild 2)

Systematischer Aufbau eines Angriffskonzepts im Handball
Eine Spieleröffnung mit Variationen und Weiterspieloptionen

Nr.: 4-3	Ballgewöhnung	10	35

Ablauf:

- ▲2 stößt leicht nach rechts an und bekommt den Pass von ▲3 (A).
- ▲2 zieht deutlich nach links (B) (eventuell mit der abwehrfernen Hand einmal prellen).
- ▲6 startet am Kreis, kreuzt hinter ▲2 (C) und bekommt den Pass gespielt (D).
- ▲6 passt weiter zu ▲3 in dessen Stoßbewegung (E).
- Während (bzw. kurz nach) der Kreuzbewegung läuft ▲1 aus dem linken Rückraum an den Kreis ein (F).
- ▲3 passt zu ▲1 (G) und ▲1 passt nach rechts außen zu ▲4 (H).
- Sofort nach dem Pass von ▲6 zu ▲3, zieht sich ▲6 wieder auf die Ausgangsposition zurück (J), ▲2 besetzt den linken Rückraum (L).
- ▲3 stellt sich nach seinem Pass zum Einläufer (G) auf Rückraum Mitte an (K).
- ▲4 startet von rechts außen den nächsten Durchgang mit Pass (M) zum anstoßenden (N) ▲7.
- Erst nach diesem Pass stellt sich ▲1 im rechten Rückraum an (O).

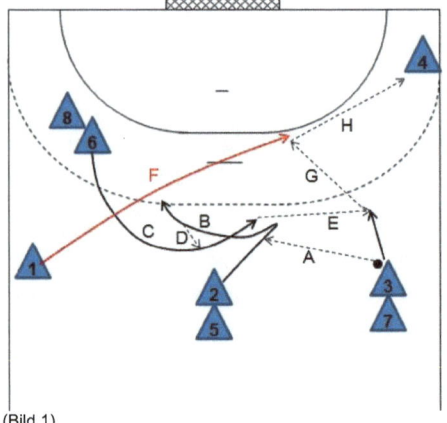
(Bild 1)

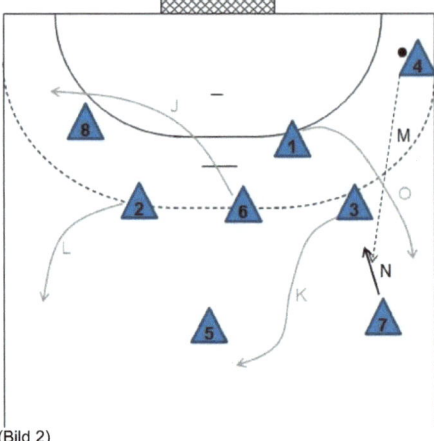
(Bild 2)

⚠ Die Spieler sollen das Gefühl für das richtige Timing für Kreuzbewegung und Einlaufen bekommen.

⚠ Den Ablauf auch auf die andere Seite spielen.

Variation:
- Der Pass zum Einläufer (G) erfolgt durch ein senkrecht aufgestelltes Zwischenteil eines großen Turnkastens.

Systematischer Aufbau eines Angriffskonzepts im Handball
Eine Spieleröffnung mit Variationen und Weiterspieloptionen

Nr.: 4-4	Torhüter-Einwerfen	10	45

Aufbau:
- Je eine Ballkiste auf Rückraum links und Rückraum rechts aufstellen.

Ablauf:
- 1 stößt leicht nach rechts an und bekommt den Pass von 2 (A).
- 1 zieht deutlich nach links (B).
- 3 startet am Kreis, kreuzt hinter 1 (C) und bekommt den Pass gespielt (D).
- 3 passt weiter zu 2 in dessen Stoßbewegung (E).

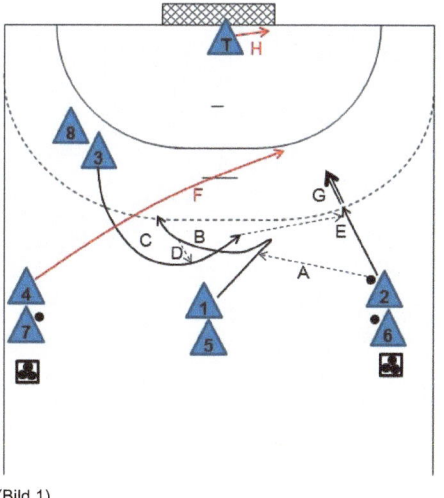
(Bild 1)

- Während der Kreuzbewegung läuft 4 aus dem linken Rückraum an den Kreis ein (F) und begrenzt den Wurfkorridor für 2 nach innen.
- 2 wirft aus dem Schlagwurf nach Vorgabe (Hände, hoch, tief) nach rechts (G), T startet aus der Tormitte und hält den Ball (H).
- Beim Wurf prellt 7 auf Rückraum rechts an (K).
- 3 läuft nach dem Pass zurück an den Kreis auf der linken Seite (L), bekommt von 7 den Ball an den Kreis gepasst (M) und wirft nach Vorgabe nach links (N).
- T hält auch diesen Ball (O).
- Dann startet der nächste Durchgang. Dafür stellt sich 1 mit Ball auf Rückraum links an (J), 2 hat sich auf Rückraum Mitte zurückgezogen (P), 4 stellt sich mit Ball auf Rückraum rechts an (Q), 3 geht wieder an den Kreis hinter 8 (R).

(Bild 2)

Systematischer Aufbau eines Angriffskonzepts im Handball
Eine Spieleröffnung mit Variationen und Weiterspieloptionen

⚠️ Das Anlaufen für den zweiten Wurf muss so abgestimmt werden, dass T den Ball halten kann. Sollte der Wurf zu spät erfolgen, startet T aus der Mitte heraus und wartet nicht in der Ecke.

⚠️ Den Ablauf nach einigen Durchgängen umdrehen und auf die andere Seite spielen, mit Schlagwurf von Rückraum links und Wurf vom Kreisläufer auf der rechten Seite.

| Nr.: 4-5 | Angriff / Kleingruppe | 10 | 55 |

Aufbau:
- Mit einem Schaumstoffbalken (Pommes) den Spielraum begrenzen.

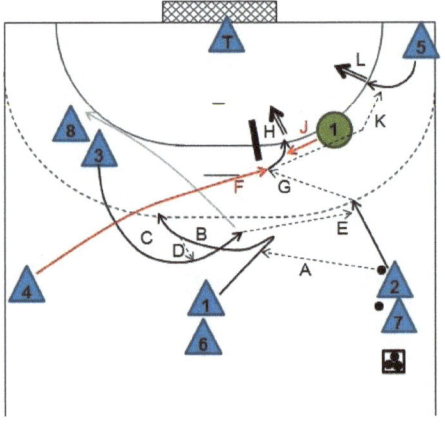

Ablauf:
- 1 stößt leicht nach rechts an und bekommt den Pass von 2 (A).
- 1 zieht deutlich nach links (B).
- 3 startet am Kreis, kreuzt hinter 1 (C) und bekommt den Pass gespielt (D).
- 3 passt weiter zu 2 in dessen Stoßbewegung (E).
- Während (evtl. kurz nach) der Kreuzbewegung läuft 4 aus dem linken Rückraum an den Kreis ein (F) und bekommt den Pass von 2 gespielt (G).
- 4 trifft jetzt die Entscheidung:
  o Wurf, wenn 1 eine Durchbruchsmöglichkeit offen lässt (H).
  o Schließt 1 die Lücke (J), passt 4 im Bodenpass zu 5 (K) und 5 schließt mit Wurf ab (L).
- Dann startet der nächste Durchgang. 1 besetzt dafür den linken Rückraum, 2 wechselt in die Mitte und 4 stellt sich mit Ball auf Rückraum rechts an. Zwei Kreisläufer spielen den Ablauf abwechselnd, auch auf außen wechseln sich die Spieler ab.

⚠️ 4 soll das richtige Timing für das Einlaufen vom linken Rückraum finden.

⚠️ Den Ablauf auch von der anderen Seite spielen, mit Einlaufen von Rückraum rechts.

⚠️ Den Abwehrspieler regelmäßig wechseln.

| Nr.: 4-6 | Angriff / Kleingruppe | 15 | 70 |

Aufbau:
- Mit einem Schaumstoffbalken (Pommes) den Spielraum begrenzen.

Ablauf (Bild 1):

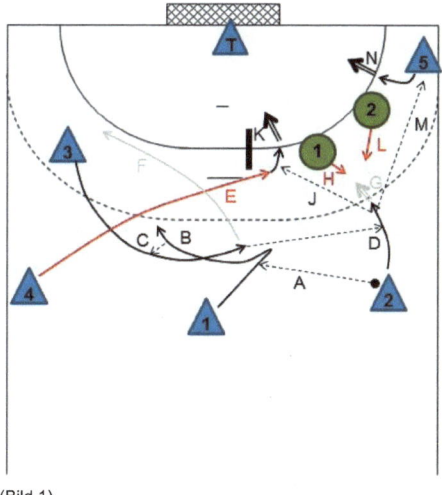

- 1 stößt leicht nach rechts an und bekommt den Pass von 2 (A).
- 1 zieht deutlich nach links (B).
- 3 startet am Kreis, kreuzt hinter 1 und bekommt den Pass gespielt (C).
- 3 passt weiter zu 2 in dessen Stoßbewegung (D).

(Bild 1)

- Während (evtl. kurz nach) der Kreuzbewegung läuft 4 aus dem linken Rückraum an den Kreis ein (E).
- 2 trifft jetzt die Entscheidung:
    - Bleiben beide Abwehrspieler defensiv, wirft 2 aus dem Rückraum (G) oder bricht selbst durch.
    - Tritt 1 auf 2 heraus (H), passt 2 zu 4 (J) und 4 schließt, wenn möglich, mit Wurf ab (K).
    - Tritt 2 auf 2 heraus (L), passt 2 nach außen zu 5 (M) und 5 schließt, wenn möglich, mit Wurf ab (N).
- Ist ein direkter Wurf nicht möglich, wird frei im 3gegen2 weitergespielt bis zum Torabschluss.

Erweiterung mit Variante im Auftakt (Bild 2):

- Der Auftakt Kreuzen mit dem Kreisläufer und Einlaufen von Rückraum links bleibt bestehen (A, B, C und E).
- 3 spielt in dieser Variante nicht den Parallelpass zu 2, sondern spielt direkt den einlaufenden 4 an (P).
- 4 stößt in die Lücke. Schließt 1 die Lücke, passt 4 weiter in den Parallelstoß von 2 (Q), der durchbricht (R) oder weiter nach außen ablegt (S).
- Es wird frei im 3gegen2 weitergespielt bis zum Torabschluss (T).

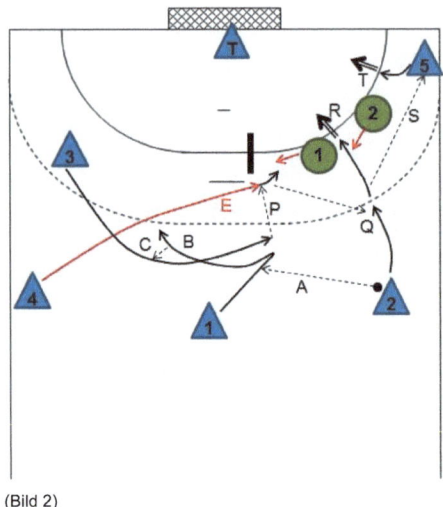

(Bild 2)

Systematischer Aufbau eines Angriffskonzepts im Handball
Eine Spieleröffnung mit Variationen und Weiterspieloptionen

Nr.: 4-7	Angriff / Team		20	90

Aufbau (Variante 1):
- Spiel im 6gegen6, die Abwehr spielt eine 6:0-Formation.

Ablauf 1:
- Es wird der Ablauf aus den Vorübungen gespielt mit Kreuzen von Rückraum Mitte und Kreisläufer (A bis D) und Einlaufen des Rückraumspielers (E).
- Je nach Bewegung der Abwehr wird dann entsprechend weitergespielt:
    o Bleiben Räume auf der rechten Seite offen, kann mit Pass zum einlaufenden 2 (F) weitergespielt und versucht werden, auf der rechten Seite eine Wurfchance zu erarbeiten, wie in Übung 4-6.

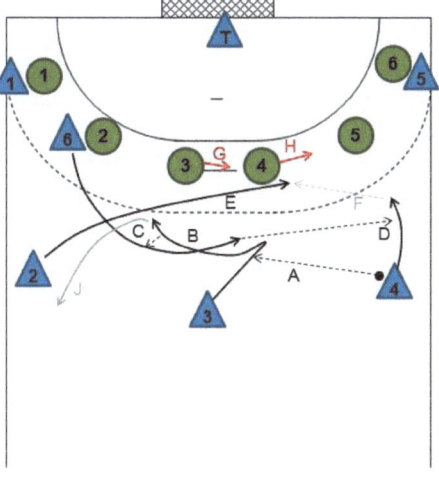
(Bild 1)

    o Verschiebt die Abwehr nach rechts (G und H), verlagert 4 etwas zur Mitte (K) und passt zu 3 in dessen Parallelstoß (L).
    o 3 übernimmt nach der Kreuzbewegung die Position von 2 (J).
    o 6 setzt sich wieder an den Kreis ab (M). Es wird dann versucht, auf der linken Seite im Zusammenspiel von 3, 6 und 1 zum Abschluss zu kommen (N und O).

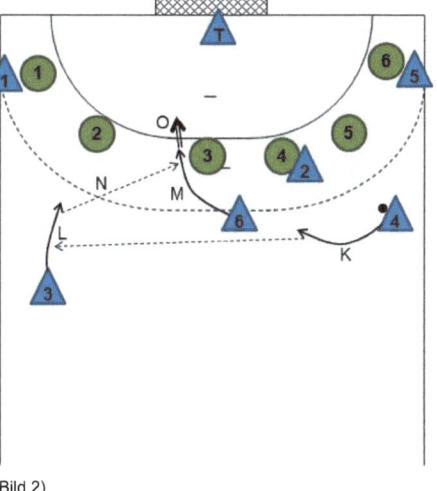
(Bild 2)

- Jede Mannschaft spielt 10 Angriffe, danach ist Aufgabenwechsel.
- Welche Mannschaft erzielt mehr Tore?

⚠️ Der Auftakt soll auf der rechten und auf der linken Seite gespielt werden.

Aufbau (Variante 2):
- Spiel im 6gegen6, die Abwehr spielt eine 5:1- oder eine 3:2:1-Formation.

Ablauf 2:
- Durch die größeren Räume eignet sich der Ablauf mit Einlaufen des Rückraumspielers gut für das Spiel gegen offensivere Abwehrformationen.
- Es wird wieder der bekannte Ablauf gespielt mit dem Kreuzen von Rückraum Mitte und dem Kreisläufer (A bis C), dem Parallelpass (D) und dem Einlaufen des zweiten Rückraumspielers (E).

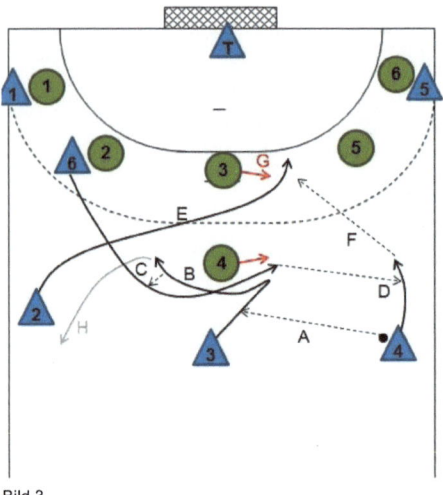

Bild 3

  o 3 übernimmt nach der Kreuzbewegung die Position von 2 (J).
- 4 trifft die Entscheidung:
  o Pass zum Einläufer (F) mit Ausspielen auf der rechten Seite bis zum Anschluss.
  o Übernimmt 3 den einlaufenden 2 (G), verlagert 4 auf die andere Seite (J) und spielt den Parallelpass zu 3 (K). 6 zieht sich sofort zum Kreis zurück, erhält den Ball (L) und schließt mit Wurf auf der linken Seite ab (M).

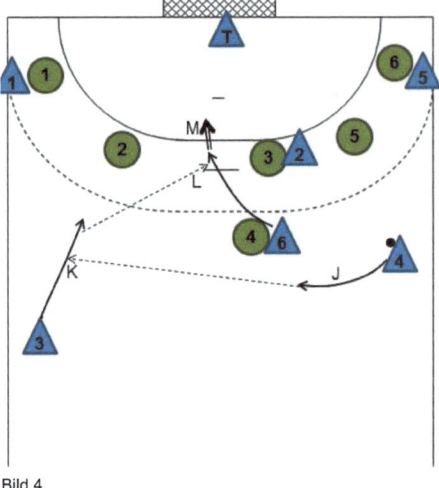

Bild 4

- Jede Mannschaft spielt 10 Angriffe, danach ist Aufgabenwechsel.
- Welches Team erzielt mehr Tore?

Ablauf 3:
- Es werden wieder 10 Angriffe von jeder Mannschaft gespielt.
- Der Angriff startet immer von der Mittellinie.
- Der Trainer gibt jeweils die Abwehrvarianten vor (6:0, 5:1 oder 3:2:1).

Systematischer Aufbau eines Angriffskonzepts im Handball
Eine Spieleröffnung mit Variationen und Weiterspieloptionen

Nr. 5	Kreuzen von Rückraum Mitte mit dem Kreisläufer als Überzahlkonzept			★★★	90
Startblock		**Hauptblock**			
X	Einlaufen / Dehnen		Angriff / Individuell		Sprungkraft
	Laufübung	X	Angriff / Kleingruppe		Sprintwettkampf
X	Kleines Spiel		Angriff / Team		Torhüter
	Koordination		Angriff / Wurfserie		
	Laufkoordination		Abwehr / Individuell		**Schlussblock**
	Kräftigung		Abwehr / Kleingruppe	X	Abschlussspiel
X	Ballgewöhnung		Abwehr / Team		Abschlusssprint
X	Torhüter-Einwerfen		Athletiktraining		
			Ausdauertraining		

Legende:

✖ Hütchen

 Angreifer

 Abwehrspieler

 Ballkiste

⊥ Fahnenstange

Benötigt:
➔ 2 (4) Basketballkörbe, 4 Fahnenstangen, 8 Hütchen, 2 Ballkisten mit ausreichend Bällen

Beschreibung:
In dieser Trainingseinheit werden der Auftakt Kreuzen Rückraum Mitte mit dem Kreisläufer und die verschiedenen Weiterspieloptionen gegen eine Unterzahlabwehr erarbeitet.
Nach dem Einlaufen werden zwei kleine Spiele in Überzahl absolviert, bevor nach dem Torhüter-Einwerfen die verschiedenen Überzahloptionen und Entscheidungsmöglichkeiten erarbeitet werden. In einem Abschlussspiel soll das Geübte im freien Spiel angewendet werden.

Insgesamt besteht die Trainingseinheit aus den folgenden Schwerpunkten
- Einlaufen mit Ballgewöhnung (Einzelübung: 10 Minuten/Trainingsgesamtzeit: 10 Minuten)
- Kleines Spiel (20/30)
- Kleines Spiel (10/40)
- Torhüter einwerfen (10/50)
- Angriff/Kleingruppe (15/65)
- Angriff/Kleingruppe (10/75)
- Angriff/Team (15/90)

Gesamtzeit der Trainingseinheit: 90 Min.

| Nr.: 5-1 | Einlaufen mit Ballgewöhnung | 10 | 10 |

Ablauf:
- Jeder Spieler hat einen Ball.
- Die Spieler laufen hintereinander im Kreis von Basketballkorb zu Basketballkorb (A) und führen dabei (siehe Aufgabenstellungen) Übungen mit dem Ball durch.
- Vor dem Korb nehmen die Spieler den Ball auf und werfen in einer vorgegebenen Variante an das Brett (B), fangen den zurückprallenden Ball (C) und starten wieder auf die andere Seite (D).

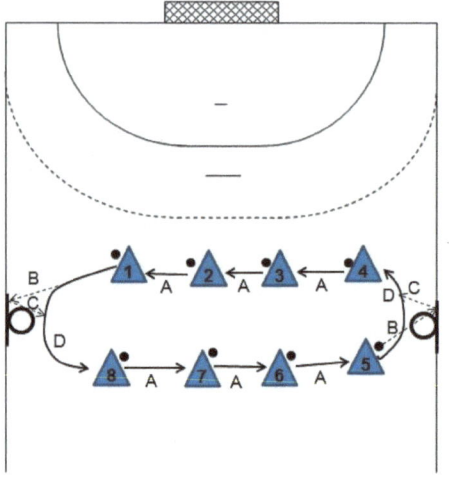

(Bild 1)

Aufgabenstellungen:
- Die Spieler führen den Ball mit dem Fuß, nehmen ihn vor dem Basketballkorb auf, werfen mit der Wurfhand an das Brett und fangen ihn wieder beidhändig.
- Die Spieler führen den Ball mit dem Fuß und kreisen die Arme vorwärts (rückwärts/gegengleich). Sie werfen mit der Wurfhand an das Brett und fangen ihn beidhändig wieder (Bild 2).

(Bild 2)

- Die Spieler laufen im Sidestep und kreisen den Ball um die Hüfte. Es wird beidhändig an das Brett geworfen und beidhändig wieder gefangen.
- Die Spieler laufen vorwärts und kreisen den Ball abwechselnd um den Kopf, die Hüfte und die Knie. Dann wird der Ball im Sprungwurf mit der Wurfhand an das Brett geworfen und beidhändig wieder gefangen.
- Die Spieler laufen rückwärts und prellen dabei den Ball. Vor dem Korb drehen sie sich um, werfen mit der Nicht-Wurfhand an das Brett und fangen den Ball wieder mit der Wurfhand.
- Die Spieler laufen vorwärts und prellen mit der Wurfhand. Der Ball wird beidhändig an das Brett geworfen und einhändig wieder gefangen. Die Spieler sollen dabei das Tempo kontinuierlich steigern.

Gemeinsam in der Gruppe dehnen/mobilisieren.

Systematischer Aufbau eines Angriffskonzepts im Handball
Eine Spieleröffnung mit Variationen und Weiterspieloptionen

| Nr.: 5-2 | Kleines Spiel | 20 | 30 |

Aufbau:
- Es wird auf dem Basketballfeld auf beide Körbe gespielt.

Ablauf 1 (Bild 1):
- Es wird eine Basketballvariante gespielt.
- Ein Spieler (4) bleibt jeweils unter dem eigenen Korb stehen und agiert im nächsten Angriff seiner Mannschaft als Center.
- 1, 2, 3 und 4 spielen im 4gegen3 gegen 1, 2 und 3 (A, B und C) bis zum Korbtreffer (D) oder Ballverlust.
- Nur drei Spieler laufen nach Abschluss des Angriffs zurück in die Abwehr (1, 2 und 3) (E).
- Der Spieler, der den Korb erzielt hat (oder den Ball vor dem Ballverlust zuletzt hatte (4)), bleibt unter dem Korb stehen bis zum nächsten Angriff.

(Bild 1)

(Bild 2)

Ablauf 2 (Bild 3):
- Es wird wieder eine Basketballvariante gespielt.
- Es wird zunächst im 4gegen4 gespielt (A, B und C).
- Erzielt ein Spieler einen Korb (D), muss dieser zunächst um eine Stange laufen (F), bevor er in die Abwehr eingreifen darf.
- Die Abwehr spielt somit für eine kurze Zeit in Unterzahl (E), bevor der vierte Spieler hinzustößt (G).
- Die Angreifer sollen versuchen, die kurze Überzahl zu nutzen.

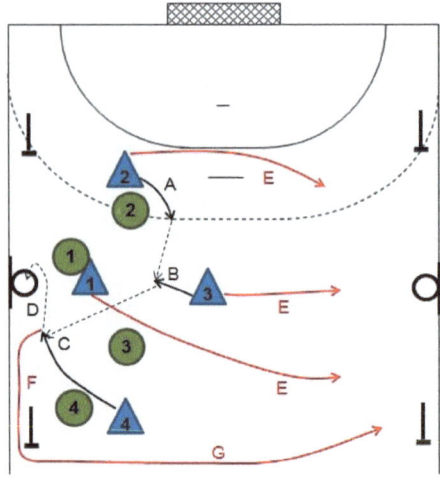

(Bild 3)

⚠ Bei vielen Spielern im Training wird die Übung auf zwei Feldhälften gleichzeitig ausgeführt (zweimal 4gegen4).

⚠ Sind mehr als acht, aber weniger als 16 Spieler im Training, oder geht es nicht auf, führen die weiteren Spieler die Zwischenübung TE 5-2a aus (alle drei Durchgänge). Nach Erfüllung aller Aufgaben wird beim Basketball ausgetauscht.

| Nr.: 5-2a | Zwischenübung für weitere Spieler | 20 | 30 |

Ablauf:
- Für die übrigen Spieler werden zwei Fahnenstangen aufgestellt.

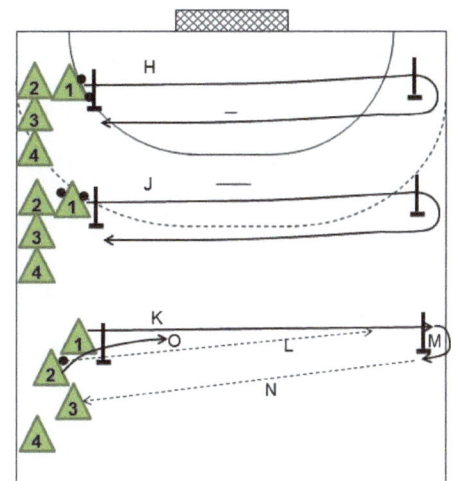

Ablauf 1:
- 1 startet mit zwei Bällen und läuft um die hintere Fahnenstange und zurück (H). Dabei führt 1 einen Ball am Fuß und kreist den anderen um die Hüfte.
- Jeder Spieler absolviert den Ablauf einmal.

Ablauf 2:
- 1 startet mit zwei Bällen und prellt mit beiden Bällen gleichzeitig um die hintere Fahnenstange und zurück (J). Dann gibt 1 die Bälle weiter.
- Jeder Spieler absolviert den Ablauf einmal.

Ablauf 3:
- 1 startet ohne Ball im Sprint zur hinteren Fahnenstange (K) und bekommt von 2 den Ball in den Lauf (L) gepasst. 1 umläuft die Stange (M) und passt den Ball zu 3 (N):
- Dann startet 2 usw., bis jeder Spieler einmal gelaufen ist.

| Nr.: 5-3 | Kleines Spiel | 10 | 40 |

Aufbau:
- Hütchen wie im Bild aufstellen.

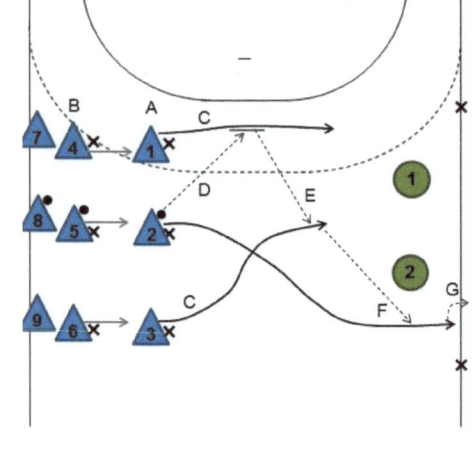

Ablauf:
- Auf Pfiff starten 1, 2 und 3 an den vorderen Hütchen und führen Hampelmannbewegungen auf der Stelle durch (A).
- 4, 5 und 6 starten gleichzeitig mit Liegestützen an den hinteren Hütchen (B).
- Beim nächsten Pfiff starten 1, 2 und 3 auf die andere Seite (C) und versuchen im 3gegen2 (D, E und F) gegen 1 und 2, den Ball so schnell wie möglich hinter der Linie abzulegen (G).
- 4, 5 und 6 rücken beim Pfiff zum vorderen Hütchen vor und starten mit den Hampelmannbewegungen, 7, 8 und 9 starten mit den Liegestützen.
- Nach dem Angriff stellen sich 1 und 2 als neue Angreifer an. Die beiden Spieler, die den Ball nicht abgelegt haben, bleiben in der Abwehr.

| Nr.: 5-4 | Torhüter-Einwerfen | 10 | 50 |

Ablauf 1 (Bild 1 und 2):

- 1 stößt leicht nach rechts an und bekommt den Pass von 2 (A).
- 1 zieht deutlich nach links. 3 startet am Kreis, kreuzt hinter 1 und bekommt den Pass gespielt (B).
- 3 passt weiter zu 2 in dessen Stoßbewegung (C).
- Während des Auftakts prellt 4 auf Rückraum links an und passt zu 8 am Kreis (D).
- 8 wirft nach Vorgabe (Hände, hoch, tief) nach links (E), T startet aus der Mitte und hält den Ball (F).
- 3 und 1 laufen an den Kreis weiter (G und H).
- Sofort nach seinem Pass zu 8, zieht sich 4 rückwärts zurück und stößt dann wieder an.
- Er bekommt den langen Pass von 2 in den Lauf (J) und passt zurück zu 2 in dessen Stoßbewegung (K).
- 2 wirft im Schlagwurf an 3 vorbei nach Vorgabe nach rechts (L).
- T zieht sich in die Mitte zurück und hält aus der Grundposition heraus den Ball (M).
- Dann startet der nächste Durchgang mit Kreuzen von 5 und 8.
- 1 wirft vom Kreis, 7 und 6 starten auf dem Rückraum.
- 3 stellt sich hinter 6 an, 4 hinter 5 und 2 hinter 7.

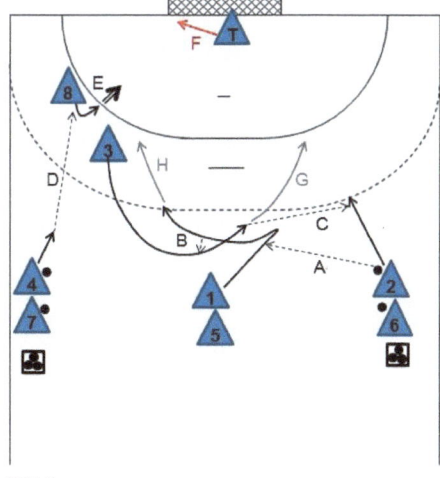

(Bild 1)

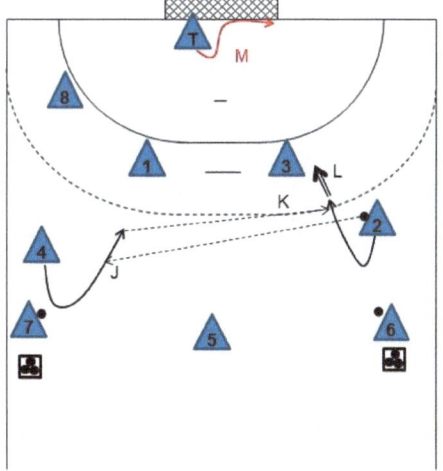

(Bild 2)

Systematischer Aufbau eines Angriffskonzepts im Handball
Eine Spieleröffnung mit Variationen und Weiterspieloptionen

⚠ Die Übung stellt hohe Herausforderungen an Timing und Passgenauigkeit. Die Spieler sollen zunächst ein Gefühl für das Timing und die Pässe bekommen und dann das Tempo in den Stoßbewegungen steigern.

⚠ Den Ablauf auch von der anderen Seite spielen, mit Wurf vom Kreis auf der rechten Seite und Schlagwurf von Rückraum links.

Ablauf 2 (Bild 1 und 3):

- Der Auftakt mit Kreuzen von Rückraum Mitte und Kreisläufer sowie das Anstoßen von Rückraum links mit Wurf des Kreisläufers bleiben erhalten (A bis H).
- 4 zieht sich wieder rückwärts zurück und stößt dann wieder an.
- 2 passt 4 in Lauf (J).
- 4 stößt weiter Richtung Tor und passt an den Kreis zu 1 (N), der mit einem Wurf nach Vorgabe nach links vom Kreis aus (Bild 3) abschließt (O).
- Zwischen den beiden Würfen berührt T den rechten Pfosten (P) und hält dann den zweiten Wurf nach links (Q).

⚠ Den Ablauf auch von der anderen Seite spielen, mit Würfen von rechts.

Systematischer Aufbau eines Angriffskonzepts im Handball
Eine Spieleröffnung mit Variationen und Weiterspieloptionen

Nr.: 5-5	Angriff / Kleingruppe	15	65

Aufbau:
- Mit zwei Fahnenstangen die Spielräume begrenzen.

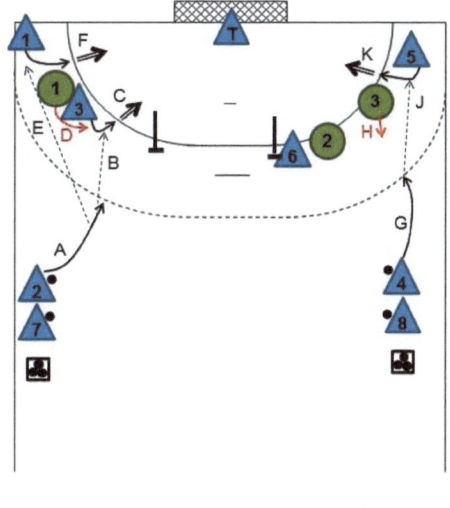

Ablauf:
- 2 stößt Richtung Stange an (A) und trifft dann die Entscheidung:
    o Steht 1 hinter 3, passt 2 zu 3 an den Kreis (B) und 3 schließt mit Wurf ab (C).
    o Umläuft 1 den Kreisläufer (D), passt 2 nach außen zu 1 (E) und 1 wirft (F).
- Nach dem Abschluss startet 4 auf Rückraum rechts mit dem Rücken zum Tor, prellt sich durch die eigenen Beine, dreht sich um, sichert den Ball und startet dann in die Lücke zwischen 2 und 3 (G).
- Je nach Bewegung der Abwehr (H) trifft 4 die Entscheidung, ob ein eigener Abschluss, ein Pass zu 6 oder ein Pass nach außen zu 5 (J) sinnvoll ist.
- Es wird entweder sofort abgeschlossen (K) oder frei im 3gegen3 weitergespielt bis zum Abschluss.
- Dann startet der Ablauf wieder mit der Aktion auf Rückraum links.

⚠ Nach einiger Zeit den Ablauf umdrehen und die Passentscheidung auf rechts und das 3gegen2 auf der linken Seite ausführen.

Systematischer Aufbau eines Angriffskonzepts im Handball
Eine Spieleröffnung mit Variationen und Weiterspieloptionen

Nr.: 5-6	Angriff / Kleingruppe	10	75

Aufbau:
- Mit einer Fahnenstange den Spielraum begrenzen.

Ablauf:
- 3 passt zum Auftakt zu 4 (A), verlagert etwas nach rechts und bekommt den Rückpass (B)
- 3 zieht nach links weg (C), 6 kreuzt hinter 3 und bekommt den Pass gespielt (D).
- 6 spielt weiter zu 4 (E). 6 und 3 gehen nach dem Kreuzen an den Kreis über (F und G).

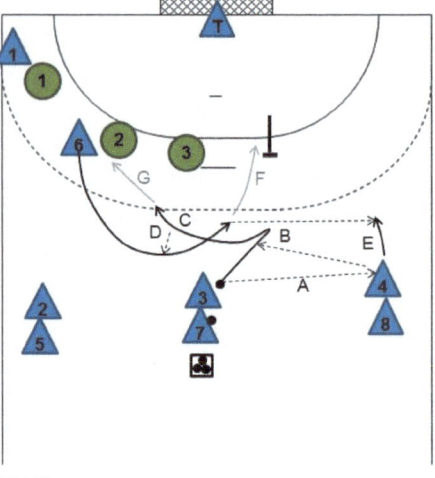

(Bild 1)

- 4 passt den langen Ball zu 2 in dessen Anlauf (H).
- 2 trifft jetzt die Entscheidung, je nachdem, wie sich die drei Abwehrspieler positionieren:
  - Tritt 2 auf 2 heraus (J), passt 2 je nach Stellung von 1 (K) an den Kreis (L) oder nach außen (M).
  - Tritt 3 heraus (N) und 2 deckt den Kreis ab, passt 2 zu 6 auf der gegenüberliegenden Kreisposition (O).

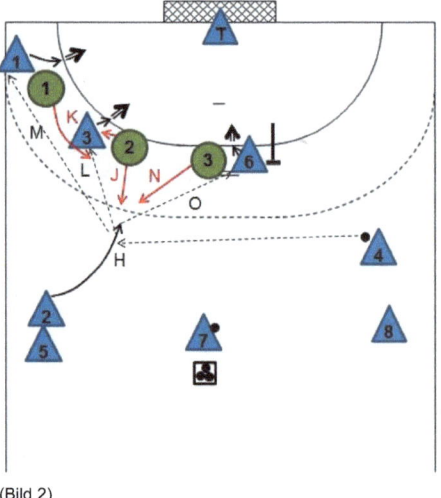

(Bild 2)

- Dann startet der nächste Durchgang mit 3 am Kreis und neuen Rückraumspielern. 6 stellt sich im Rückraum an, nur 1 auf außen hält die Position oder spielt im Wechsel mit einem zweiten Außenspieler.

⚠ 2 soll in vollem Tempo anlaufen und dann so schnell wie möglich die beste Entscheidung je nach Stellung der Abwehr treffen.

⚠ Den Auftakt auch auf der anderen Seite spielen, mit Entscheidung auf Rückraum rechts.

Systematischer Aufbau eines Angriffskonzepts im Handball
Eine Spieleröffnung mit Variationen und Weiterspieloptionen

Nr.: 5-7	Abschlussspiel	15	90

Ablauf:

- Es wird im 6gegen5 gespielt. Der Angriff spielt 11 Angriffe, dann ist Aufgabenwechsel. Der Angriff gewinnt, wenn mindestens sieben Tore erzielt werden, ansonsten gewinnt die Abwehr.
- Die Verlierermannschaft macht vor dem Aufgabenwechsel 10 Liegestützen und zwei Steigerungsläufe.
- Der Angriff spielt immer den bekannten Ablauf Kreuzen von Rückraum Mitte mit dem Kreisläufer (A bis E) und Übergang auf 4:2 (H und J).

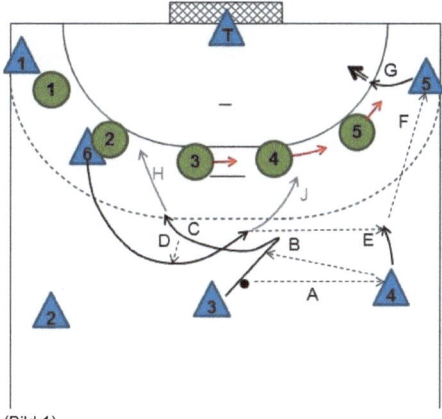

(Bild 1)

- Verschiebt die Abwehr nicht richtig nach rechts beim Pass von 6 zu 4 (E), kann 4 selbst durchbrechen oder zu 5 auf außen passen (F), und 5 schließt mit Wurf ab (G).
- Verschiebt die Abwehr nach rechts, passt 4 den langen Pass zu 2 in dessen Anlauf (K).
- 2 trifft dann die Entscheidung, je nachdem, wie sich die Abwehrspieler positionieren:

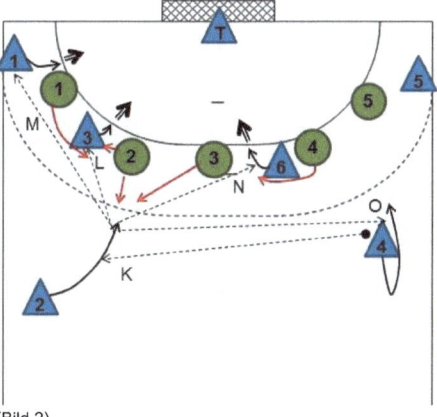

(Bild 2)

  o Tritt 2 auf 2 heraus, passt 2 je nach Stellung von 1 an den Kreis (L) oder nach außen (M).
  o Tritt 3 heraus und 2 deckt 3 am Kreis ab, passt 2 zu 6 auf der gegenüber liegenden Kreisposition (N) oder, falls 4 den Passweg zustellt, zu 4 zurück (O), der dann seinerseits versucht, die Überzahl zu nutzen.

⚠ Der Angriff soll entsprechend der Bewegung der Abwehr die Entscheidungen treffen, dabei soll geduldig gespielt und eine klare Torchance generiert werden.

⚠ Der Ablauf soll auf beide Seiten gestartet werden.

2. Zu erwartende Gegenmaßnahmen der Abwehr und Reaktionen darauf

A. Verhindern des Passes zum kreuzenden Kreisläufer

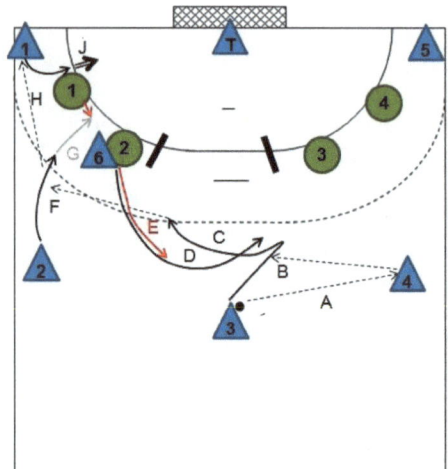

- Eine der häufigsten Gegenmaßnahmen, die eine Abwehr gegen den Kreisel (A bis D) spielt, ist das direkte Verfolgen von 6 in die Kreuzbewegung, um das Anspiel in das Kreuzen zu verhindern (E).

- Eine Variante, die gegen dieses Abwehrverhalten gespielt werden kann, ist in Trainingseinheit 1 in den Übungen TE 1-7 und TE 1-8 aufgezeigt.

- Der Rückraumspieler (2), auf der Seite, von der 6 startet, geht mit in den Parallelstoß und bekommt direkt den Pass von 3 (F) gespielt.

- Es wird dann auf der linken Seite bis zum Torwurf weitergespielt (G bis J).

B. Heraustreten der Abwehrspieler auf der Seite, die im Anschluss an den Kreisel angespielt werden soll

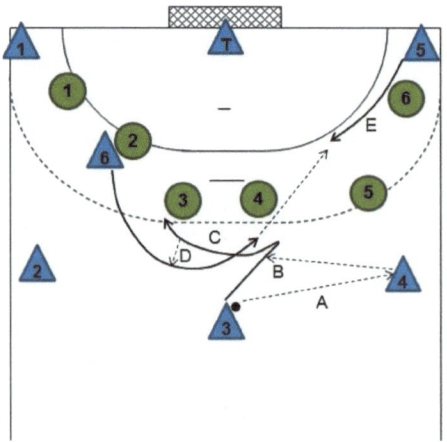

- Häufig wird auch versucht, Druck auf 6 auszuüben, indem 4 auf ihn und 5 auf 4 heraustritt.

- Gegen dieses Abwehrverhalten kann die Variante mit Einläufer von 5 an den Kreis ähnlich wie in TE 3 gespielt werden (E).

- Auch ein leeres Kreuzen von 4 und 5 wäre eine mögliche Variante.

C. Heraustreten der Abwehrspieler auf den Spieler, der im Anschluss an den Kreisel angespielt werden soll

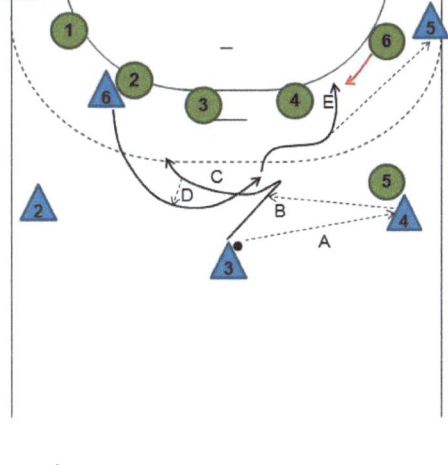

- Häufig wird auch versucht, Druck auf 6 auszuüben, indem der Passweg zu 4 komplett zugestellt wird.

- Gerade hier ist es wichtig, dass 6 nach dem Kreuzen selbst Druck auf die Abwehr macht und dabei die entstehende Lücke hinter 5 angreift (E).

- Dann kann im Anschluss, je nach Bewegung von 6, mit dem Außen zusammengespielt oder bei Bewegung von 5 auch wieder mit 4 zusammengespielt werden.

- Auch ein Umlaufen von 5 gegen 6 könnte eine Option sein. 5 sollte in jedem Fall aktiv mitspielen und sich für einen Pass anbieten.

3. Über die Autoren

Felix Linden, geboren 1988 in Tönisvorst

seit 2017: zertifizierter DHB Nachwuchstrainer Leistungssport

seit 2016: Inhaber der DHB A-Lizenz

seit 2014: Trainer/Referent bei TuS Lintfort, HK Mönchengladbach, TSV Kaldenkirchen und ATV Biesel

2010: Co-Trainer des TuS Lintfort mit Aufstieg in die 2. Handballbundesliga

2009: Trainer der A-Jugend weiblich des Neusser HV mit Qualifikation für die Regionalliga

seit 2005: Handballtrainer

(Bild: Andreas Eykenboom)

Anmerkung des Autors
Meine Anfänge machte ich natürlich als Jugendtrainer, ich bin bis heute von der Sportart Handball fasziniert. Mein Anspruch war es schon immer, abwechslungsreiches und zielgerichtetes Training zu bieten und Spieler und Spielerinnen dabei persönlich zu entwickeln. Wichtig ist es mir, mit meinen Übungsformen immer wieder neue Impulse zu setzen und die Inhalte abwechslungsreich zu schulen.
Mit diesem Buch möchte ich dazu anregen, auch eigene Ideen zu entwickeln und ins Training einzubringen.
Ihr
Felix Linden

JÖRG MADINGER, geboren 1970 in Heidelberg

Juni 2018: 3-tägiger DHB-Workshop „Zu Gast bei den Füchsen Berlin – Spitzenhandball und „gelebte" Nachwuchsförderung"

Juli 2014: 3-tägiger DHB Trainerworkshop „Grundbausteine Torwartschule"

Mai 2014: 3-tägige DHTV/DHB Trainerfortbildung im Rahmen des VELUX EHF FinalFour

Mai 2013: 3-tägige DHTV/DHB Trainerfortbildung im Rahmen des VELUX EHF FinalFour

seit Juli 2012: Inhaber der DHB A-Lizenz

seit Februar 2011: Vereinsschulungen, Coaching im Trainings- und Wettkampfbetrieb

November 2011: Gründung Handball-Fachverlag (handall-uebungen.de, Handball Praxis und Handball Praxis Spezial)

Mai 2009: Gründung der Handball-Plattform handball-uebungen.de

2008–2010: Jugendkoordinator und Jugendtrainer bei der SG Leutershausen

seit 2006: B-Lizenz Trainer

4. Weitere Fachbücher des Verlags DV Concept

Von A wie Aufwärmen bis Z wie Zielspiel – 75 Übungsformen für jedes Handballtraining
Ein abwechslungsreiches Training erhöht die Motivation und bietet immer wieder neue Anreize, bekannte Bewegungsabläufe zu verbessern und zu präzisieren. In diesem Buch finden Sie Übungen zu allen Bereichen des Handballtrainings – vom Aufwärmen über Torhüter-Einwerfen bis hin zu gängigen Inhalten des Hauptteils und Spielen zum Abschluss, die Sie in Ihrem täglichen Training mit Ihrer Handballmannschaft inspirieren sollen. Alle Übungen sind bebildert und in der Ausführung leicht verständlich beschrieben. Spezielle Hinweise erläutern, worauf Sie achten müssen.

Insgesamt gliedert sich das Buch in die folgenden Themenschwerpunkte:

Erwärmung:
- Grunderwärmung
- Kleine Spiele zur Erwärmung
- Sprintwettkämpfe
- Koordination
- Ballgewöhnung
- Torhüter einwerfen

Grundübungen, Grund- und Zielspiele:
- Angriff/Wurfserien
- Angriff allgemein
- Schnelle Mitte
- 1. und 2. Welle
- Abwehraktionen
- Abschlussspiele
- Ausdauer

Am Ende finden Sie dann noch eine komplette methodisch ausgearbeitete Trainingseinheit. Ziel der Trainingseinheit ist das Verbessern des Wurfs und der Wurfentscheidung unter Druck.

Mini- und Kinderhandball (5 Trainingseinheiten)
Mini- bzw. Kinderhandball unterscheidet sich grundlegend vom Training höherer Altersklassen und erst recht vom Handball in Leistungsbereichen. Bei diesem ersten Kontakt mit der Sportart „Handball" sollen die Kinder an den Umgang mit dem Ball herangeführt werden. Es soll der Spaß an der Bewegung, am Sporttreiben, am Spiel miteinander und auch am Wettkampf gegeneinander vermittelt werden.

Das vorliegende Buch führt zunächst kurz in das Thema und die Besonderheiten des Mini- und Kinderhandballs ein und zeigt dabei an einigen Beispielübungen Möglichkeiten auf, das Training interessant und abwechslungsreich zu gestalten.

Im Anschluss folgen fünf komplette Trainingseinheiten in verschiedenen Schwierigkeitsgraden mit Hauptaugenmerk auf den Grundtechniken im Handball (Prellen, Passen, Fangen, Werfen und Abwehren im Spiel gegeneinander). Hier wird spielerisch in die späteren handballspezifischen Grundlagen eingeführt, wobei auch die generelle Bewegungserfahrung und die Ausprägung von koordinativen Fähigkeiten besondere Beachtung findet.

Die Übungen sind leicht verständlich durch Text und Übungsbild erklärt und können in jedes Training direkt integriert werden. Durch verschiedene Variationen können die Trainingseinheiten im Schwierigkeitsgrad an die jeweilige Trainingsgruppe angepasst werden. Sie sollen auch Ideen bieten, die Übungen zu modifizieren und weiterzuentwickeln, um das Training immer wieder neu und abwechslungsreich zu gestalten.

Passen und Fangen in der Bewegung – 60 Übungsformen für jedes Handballtraining

Passen und Fangen sind zwei Grundtechniken im Handball, die im Training permanent trainiert und verbessert werden müssen. Die vorliegenden 60 praktischen Übungen bieten viele Varianten, um das Passen und Fangen anspruchsvoll und abwechslungsreich zu trainieren. Ein besonderer Fokus liegt dabei darauf, die Sicherheit beim Passen und Fangen auch in der Bewegung mit hoher Dynamik zu verbessern. Deshalb werden die Übungen mit immer neuen Laufwegen und spielnahen Bewegungen gekoppelt.

Die Übungen sind leicht verständlich durch Text und Übungsbild erklärt und können in jedes Training direkt integriert werden. Durch verschiedene Schwierigkeitsgrade und Komplexitätsstufen kann für jede Altersstufe das Passen und Fangen passend gestaltet werden.

Effektives Einwerfen der Torhüter – 60 Übungsformen für jedes Handballtraining

Das Einwerfen der Torhüter ist in nahezu jedem Training notwendiger Bestandteil. Die vorliegenden 60 Übungen zum Einwerfen bieten hier verschiedene Ideen, um das Einwerfen sowohl für die Torhüter als auch für die Feldspieler anspruchsvoll und abwechslungsreich zu gestalten. Ein besonderer Fokus liegt dabei darauf, schon beim Einwerfen die Dynamik der Spieler zu verbessern.

Die Übungen sind leicht verständlich durch Text und Übungsbild erklärt und können in jedes Training direkt integriert werden. Ob gekoppelt mit koordinativen Zusatzübungen oder vorbereitend für Inhalte des Hauptteils, kann für jedes Training und durch verschiedene Schwierigkeitsstufen für jede Altersstufe das Einwerfen passend gestaltet werden.

Weitere Handball-Fachbücher und E-Books finden Sie unter
www.handball-uebungen.de

Wettkampfspiele für das tägliche Handballtraining – 60 Übungsformen für jede Altersstufe

Handball lebt von schnellen und richtig getroffenen Entscheidungen in jeder Spielsituation. Dies kann im Training spielerisch und abwechslungsreich durch handballnahe Spiele trainiert werden. Die vorliegenden 60 Übungsformen sind in sieben Kategorien unterteilt und schulen die Spielfähigkeit.

Das Buch beinhaltet die folgenden Kategorien:
- Parteiball-Varianten
- Mannschaftsspiele auf verschiedene Ziele
- Fangspiele
- Sprint- und Staffelspiele
- Wurf- und Balltransportspiele
- Sportartübergreifende Spiele
- Komplexe Spielformen für das Abschlussspiel

Die Spiele sind leicht verständlich durch Text und Übungsbild erklärt und können in jedes Training direkt integriert werden. Durch verschiedene Schwierigkeitsstufen, zusätzliche Hinweise und Variationsmöglichkeiten können sie für jede Altersstufe angepasst gestaltet werden.

Taschenbücher aus der Reihe Handball Praxis (jeweils fünf Trainingseinheiten)

Handball Praxis 1 – Handballspezifische Ausdauer

Handball Praxis 2 – Grundbewegungen in der Abwehr

Handball Praxis 3 – Erarbeiten von Auslösehandlungen und Weiterspielmöglichkeiten

Handball Praxis 4 – Intensives Abwehrtraining im Handball

Handball Praxis 5 – Abwehrsysteme erfolgreich überwinden

Handball Praxis 6 – Grundlagentraining für E- und D-Jugendliche

Handball Praxis 7 – Handballspezifisches Ausdauertraining im Stadion und in der Halle

Handball Praxis 8 – Spielfähigkeit durch Training der Handlungsschnelligkeit

Handball Praxis 9 – Grundlagentraining der Altersklasse 9 bis 12 Jahre

Handball Praxis 10 – Moderner Tempohandball: Schnelles Umschalten in die 1. und 2. Welle

Handball Praxis 11 – Ganzheitliches und abwechslungsreiches Athletiktraining

Handball Praxis 12 – D-Jugend-Training: Von der Mann- zur Raumdeckung – Kooperationen im Angriff und Abwehroptionen dagegen

Handball Praxis 13 – Koordinatives Angriffstraining für kleine Trainingsgruppen von vier bis sechs Spielern

Handball Praxis 14 – Zusammenspiel von Rückraum und Kreisläufer – Verlagern, Sperren und Absetzen

Handball Praxis Spezial 1 – Schritt für Schritt zur 3-2-1-Abwehr (6 Trainingseinheiten)

Handball Praxis Spezial 2 – Schritt für Schritt zum erfolgreichen Angriffskonzept gegen eine 6-0-Abwehr (6 Trainingseinheiten)